Hubert Danelzik

Kindermöbel aus Holz

Ravensburger Buchverlag

Der Autor
Hubert Danelzik, geb. 1948 in Essen, studierte nach einer Tischlerlehre Innenarchitektur in Detmold (FH Lippe) und arbeitete anschließend in einem Innenarchitekturbüro. Seit 1977 ist er in Hamburg als freier Innenarchitekt (Dipl. Ing.), Möbeldesigner und Mitarbeiter verschiedener Wohnzeitschriften tätig. Seit 1990 arbeitet er außerdem als Berater und Gestalter von Kindertagesstätten.

Dank
Für die Mithilfe beim Entstehen dieses Buches möchte ich allen Beteiligten danken. Besonderer Dank gilt meiner Familie, vor allem meinen drei Kindern Nele, Okke und Finn, die mir durch ihr Spiel sehr viele Anregungen gegeben haben. Sie waren und sind meine besten Tester.

Originalausgabe

Umschlagkonzeption:
Kraxenberger Kommunikation, München
Umschlaggestaltung: Ekkehard Drechsel BDG
Umschlagfotos: Thorsten Berndt
Fotos: Jahreszeiten-Verlag GmbH/Vogel-Berensmann: S.13, 31 o., 51, 56 m., 57, 59, 60, 61/Witthöft: 14 u., 15 u./Stange: 15 o., 32 o.r.,33 o., 39, 40, 41, 50 o.r./m./u., 53, 54, 55 o.r.; Bilderdienst/Wohnidee: S. 10 u.r., 11, 17 o.,20, 21, 23 o., 24 u., 25 o., 27 o., 29 o., 45, 47 r.; alle übrigen Fotos: Thorsten Berndt
Text: Wolfram Kawlath
Zeichnungen: Melanie-Babette Wedhorn
Gesamtherstellung: Himmer, Augsburg
Printed in Germany

99 98 97 96 4 3 2 1

ISBN 3-473-42536-2

Die Deutsche Bibliothek –
CIP-Einheitsaufnahme

Kindermöbel aus Holz/Hubert Donelzik. –
Orig.-Ausg. – Ravensburg:
Ravensburger Buchverl., 1996
(Ravensburger Hobby: Gestalten mit Holz)
ISBN 3-473-42536-2

Inhalt

Einleitung

Das vorliegende Buch enthält 15 Möbelideen für Kinder zum Selbermachen. Einige sind schnell nachzubauen, andere dauern etwas länger. Alle Möbel sind einfach konstruiert, so daß sie schon mit wenigen handwerklichen Fähigkeiten und einfacher Werkzeugausstattung selber zu machen sind.
Von den Elektrowerkzeugen benötigen Sie bei den meisten Bauvorschlägen nur eine Bohrmaschine, eine Stichsäge und einen Schwingschleifer.
Lassen Sie beim Bauen Ihrer Phantasie freien Lauf, und verändern Sie auch mal die Entwürfe, so wie es Ihnen und Ihren Kindern gefällt.

Spaß

Das schönste Ding bringt mehr Spaß, wenn man es selbst gemacht hat, ganz besonders für seine Kinder. Und Kinder brauchen immer etwas. Sei es eine Garderobe, eine Spielkiste oder ein neues Bett. Aber, lassen Sie Ihre Kinder ruhig mitmachen (wenn es keine Überraschung sein soll). Lassen Sie Ihren Kindern den Spaß und die Freiheit, zu entscheiden, wie der Clown aussehen soll und welche Extras noch dazukommen. Sie aber kümmern sich um die Sicherheit sowie die exakte und solide Ausführung. Und, sind die Kinder alt genug, wird selbstverständlich gemeinsam gearbeitet, ganz nach der Devise: Gemeinsame Freude ist doppelte Freude.

Umwelt

Wer seinen Kindern Spaß bereiten will, der möchte auch, daß ihnen eine gesunde Umwelt erhalten bleibt. Deshalb schlagen wir für den Bau der Kindermöbel ganz bewußt möglichst umweltfreundliche und unbelastete, naturnahe Produkte vor: beispielsweise Leimholz (Fichte, Kiefer), Tischlerplatten und Sperrholz sowie Holzleisten.

Leim (Weißleim), Kleber, Lacke und Spachtelmasse sollten keine giftigen Lösungsmittel enthalten. Dies muß ausdrücklich auf der Verpackung vermerkt sein.
Sehr wichtig bei Kindermöbeln sind lösungsmittelfreie, wasserlösliche, speichelfeste Anstrichmittel (besonders bei Kleinkindern!), Lasuren und Lacke entsprechend DIN 53160/ EN 71. Achten Sie auch auf den Hinweis „nach getrocknetem Anstrich unbedenklich für Mensch, Tier, Pflanze". Eine Alternative sind Oberflächenbeschichtungen mit Naturfarben und Wachsen. Bei jeder Oberflächenbehandlung muß gut gelüftet werden, Farbreste sind umweltgerecht zu entsorgen. Bitte beachten Sie die Gebrauchsanweisungen, Anwendungshinweise und empfohlene Schutzmaßnahmen sowie die Entsorgungshinweise auf den Packungen.

Sicherheit

Der Umgang mit spitzen Bohrern, scharfen Klingen und elektrisch betriebenen Maschinen ist nicht ganz ungefährlich.
Achten Sie bei der Arbeit mit Handwerkzeugen auf die richtige Handhabung (immer vom Körper wegarbeiten) und vor allen Dingen auf die Qualität Ihrer Werkzeuge, denn die ist gleichbedeutend mit Sicherheit und Haltbarkeit.
Lassen Sie sich beim Kauf von Werkzeug im Fachhandel beraten.
Bei elektrischen Maschinen überprüfen Sie den richtigen und festen Sitz der Sicherheitsvorrichtungen.

Schutzbrille, Staubmaske, Arbeitshandschuhe, feste und anliegende Kleidung sollten ebenso zur Ausstattung gehören wie ein schnell erreichbarer Erste-Hilfe-Kasten und gegebenenfalls auch ein Telefon.

Elektrowerkzeuge

Zuschnitt, Zusammenbau, Oberflächengestaltung, das sind die drei Grundarbeitstechniken in der Heimwerkstatt. Die nötigen Maschinen dazu sind: Elektrische Stichsäge mit Sägeblättern für gerade Schnitte (grob und fein) sowie Formschnitte (rund und kurvig), für Metall und für Kunststoff. Nützlich sind ein Parallelanschlag, ein Kreisanschlag, eventuell ein Sägetisch für den stationären Betrieb, Bohrmaschine mit Bohrständer, Schwingschleifer oder Excenterschleifer. Wer viel arbeitet und auch den Zuschnitt selber machen will, für den lohnt sich auch die Anschaffung einer Handkreissäge oder Tischsäge. Praktisch beim Arbeiten sind Akku-Bohrmaschine und -schrauber. Für umweltbewußte Heimwerker gibt es ein Solarladegerät.

Sägen

Einfache, gerade Schnitte machen Sie von Hand: lange Trennschnitte etwa mit dem Fuchsschwanz entlang einer auf dem Werkstück festgezwängten Anschlagleiste. Leisten und Latten werden in einer Gehrungslade mit der Feinsäge abgelängt. Für Form- und Kurvenschnitte benutzen Sie die elektrische Stichsäge. Weil die Maschine von unten nach oben sägt, klebt man am besten die Schnittlinie ab. Dann ritzt man das Furnier mit einer Teppichklinge vor oder setzt die Maschine auf der Rückseite an: So bleibt die spätere Sichtkante „scharf" und „sauber".

Bohren

Holzbohrer haben ein spindelförmiges Gewinde mit einer Zentrierspitze. So kann man sie punktgenau ansetzen.
Mit dem Forstnerbohrer bohrt man Löcher großen Durchmessers, er hat ebenfalls eine Zentrierspitze.
HSS-Bohrer (Hochleistungs Schnellschnitt Stahl) sind universell einsetzbar. Man kann damit ebenfalls in Holz bohren. Bei hartem Holz sind Überhitzungen zu vermeiden (zu hohe Drehzahl, zu großer Bohrerdurchmesser).
Mit dem Aufreiber vergrößert man die gebohrte Lochöffnung, um Senk-

kopfschrauben plan mit der Holzoberfläche eindrehen zu können. Der Tiefenanschlag begrenzt die Bohrtiefe. Er kann aufsteckbar sein. Es reicht aber auch ein in entsprechender Position angebrachtes Klebeband. Steinbohrer sind für Holz nicht geeignet.

Schrauben

Schrauben können aus Eisen, Edelstahl oder Messing sein. Holzschrauben sind leicht spitzkonisch geformt (Schlitzköpfe), Kreuzschlitzschrauben, z. B. Spaxschrauben, zylindrisch. Bei Holzschrauben wird vorgestochen, damit die Schraube greift. Bei größeren Schraubenstärken wird vorgebohrt, und zwar um

2/3 des Durchmessers der Schraube. Spaxschrauben haben ein selbstschneidendes Gewinde, es braucht nicht vorgebohrt zu werden. Es gibt unterschiedlich geformte Schraubenköpfe: Senkkopf, Linsenkopf, Zylinderkopf. Andere Schrauben sind die Flachschrauben mit Vierkantansatz (Schloßschrauben). Hier werden die Werkstücke durchbohrt und die Verbindung mit einer aufgedrehten Hutmutter oder Flügelmutter gesichert. Damit sich die Mutter nicht in das Holz einziehen kann, legt man Unterlegscheiben dazwischen. Flügelmuttern kann man von Hand aufdrehen, Hutmuttern mit ihren gerundeten Köpfen schützen vor Verletzungen.

Nägel

Nägel sind Stifte aus Eisen (ungehärtetem Stahl). Der glatte Nagelschaft findet im Holz keinen sehr festen Halt. Für eine feste Verbindung sollten die Nägel schräg gegeneinander versetzt eingeschlagen werden. Damit man die Köpfe später nicht sieht, werden sie vertieft (versenkt) eingeschlagen und die Löcher verspachtelt. Verwenden Sie aber Acrylspachtel, denn Holzkitt enthält oft giftige Lösungsmittel, oder mischen Sie Weißleim mit Holzstaub. Oft benutzt man nicht ganz eingeschlagene Nägel aber nur, um eine Leimverbindung zu fixieren, bis der Leim abgebunden hat. Dann werden sie wieder herausgezogen.

Leimen und kleben

Leim dringt in die obersten Holzschichten ein und verbindet so die beiden Werkstücke. Kleber haftet auf den Oberflächen, es kommt zu einer flächenhaftenden Verbindung. Leime und Kleber sollen keine Lösungsmittel enthalten. Sie härten an der Luft aus. Deshalb sollten die Behältnisse auch sofort nach dem Auftragen wieder gut verschlossen werden. Pinsel müssen nach Gebrauch auf Zeitungspapier ausgedrückt und dann mit Wasser gespült werden. Holzleim (Weißleim) wird in einer gleichmäßig dünnen Schicht mit dem Pinsel aufgetragen (der Schreiner sagt angegeben), die Werkstücke müssen dann innerhalb von 10 - 15 Minuten („Offene Zeit" für Korrekturen) zusammengefügt werden. Nach etwa zwei Stunden zieht der Leim an, die Verbindung ist nach 8 - 12 Stunden fest und belastbar. Bei Expreßleim verkürzen sich diese Zeiten auf 5 - 10 Minuten, 20 Minuten und 2 Stunden. Außerdem gibt es Spezialleim auch ohne Lösungsmittel für die Verbindung von Holz mit kunststoffbeschichteten Holzfaserwerkstoffen oder bereits lakkierten Werkstücken. Leimverbindungen müssen grundsätzlich zusammengepreßt (mit Zwingen) werden, damit der Leim in das Holz eindringen kann. Herausquellender Leim muß sofort mit einem feuchten Tuch abgewischt werden, damit die Poren offenbleiben und ein späterer Anstrich gleichmäßig deckt.

Werkzeugpflege

Beim Werkzeug soll man nicht sparen, hier gilt: Qualität hat ihren Preis. Ein schlechter Bohrer ist schnell ausgeglüht, Stechbeitel und Sägen sind schnell stumpf und Schraubendreher ausgebrochen. Werkzeuge sollten nach Gebrauch immer gereinigt, dann leicht eingeölt und an einem trockenen und kindersicheren Ort aufbewahrt werden. Sie sollten möglichst hängend an einer Klemmleiste, Magnetleiste oder an Haken aufbewahrt werden. Es ist ratsam, auf Stechbeitel oder spitzen Werkzeugen Korken oder entsprechende Kappen zu stecken.

Möglichst kein Edelholz

Mahagoni, Palisander, Teakholz & Co. sind out. Tropische Edelhölzer haben auch in Kinderzimmern nichts zu suchen. Sie sollten – im Interesse eines gesunden Weltklimas – dort bleiben, wo sie hingehören: im tropischen Regenwald. Wir schlagen für den Bau der Kindermöbel heimische Holzarten und Holzbaustoffe aus forstwirtschaftlich betriebenen Nutzwäldern vor, beispielsweise Fichte und Kiefer (Leimholz), oder Pappel (Tischlerplatte, Sperrholz).

Tischlerplatte

Sie ist ein klassischer Holzbaustoff mit einer Mittellage aus durchlaufenden Stäbchen und beidseitig kreuzweise verleimtem Furnier. Wichtig bei der Verarbeitung ist die Laufrichtung der Stäbchen: Bei Böden muß sie immer in Längsrichtung, bei Wänden und Seiten immer aufrecht verlaufen, sonst biegt die Platte unter Belastung durch oder bricht. Tischlerplatten sollen flach liegend oder sehr steil stehend gelagert werden. Schnittkanten müssen gespachtelt werden.

Sperrholz

Sperrholz ist leicht und formstabil und läßt sich einfach bearbeiten. Es besteht aus drei, fünf und mehr quer zueinander verleimten dünnen Furnierschichten, die sich gegenseitig stabilisieren, d. h. absperren – daher der Name. Sperrholz gibt es schon ab 1,5 mm Stärke.

Hartfaser

Hartfaser sind stabile, dünne und biegsame Holzfaserplatten mit glatter (beispielsweise weiß beschichteter) Front und rauher Rückseite. Sie werden für Schrankrückwände und Schubkastenböden verwendet.

Leimholz

Es kommt dem gewachsenen Holz am nächsten, hat aber bessere Materialeigenschaften, weil es verwindungsfest ist: Die vielen Stäbchen sind mit der Maserung so gegeneinandergesetzt, daß sie.sich gegenseitig absperren. Die Kanten sind meist leicht gebrochen (gerundet, also "entschärft"). Für Kindermöbel geeignet sind Fichte und Kiefer. Gebräuchliche Dicken sind 18 mm und 28 mm. Ästige Leimholzplatten sind oft preisgünstiger. Die Plattenbreiten liegen zwischen 20 und 60 cm, die Plattenlängen zwischen 80 und 250 cm.

Markisenstoff

Markisenstoff ist kräftig und fest. Er kann mit einer Haushaltsschere geschnitten werden. Umsäumen brauchen Sie ihn für unsere Zwecke nicht: Wer will, kann auf die Schnittkanten Alleskleber (selbstverständlich ohne Lösungsmittel) streichen. Befestigt wird der Stoff beispielsweise mit Klettband. So kann man ihn jederzeit einfach zur Reinigung abnehmen.

Leisten

Leisten sollen geradwüchsig (die Maserung läuft der Länge nach durch), ast- und harzfrei und gerade sein. Halten Sie beim Kauf die Leisten waagrecht in Augenhöhe, und peilen Sie von einem Ende zum anderen: Unregelmäßigkeiten sind dann sofort zu erkennen. Die Leisten sollten in der Werkstatt nicht liegend, sondern aufrecht stehend lagern. So vermeiden Sie, daß sich die Leisten verbiegen.

Schleifen

Nach dem ersten Schliff scheint das Holz geglättet, trägt man jedoch den Lack auf, quellen die langgezogenen Fasern auf und stehen wie feine kurze Haare nach oben. Deshalb muß das Holz zunächst mit einem Schwamm gewässert und aufgerichtete Fasern müssen weggeschliffen werden, wenn das Holz trocken ist. Dies wird mit immer feinerem Schleifpapier wiederholt, bis die gewünschte Glätte erreicht ist.

Staub

Schützen Sie sich und ihr Kind mit einer Staubmaske, der feine Schleifstaub dringt in die feinsten Lungenbläschen. Immer zu verwenden sind außerdem die Absauge- oder Staubauffangvorrichtungen, mit denen die meisten Heimwerkermaschinen heute ausgerüstet sind.

Spachtelmasse

Spachtelmasse verwendet man, um Löcher, Risse und Spalten zu verfüllen oder – vollflächig aufgetragen und eingearbeitet – als Basis für eine absolut glattgeschliffene Oberfläche. Achten Sie auf Produkte ohne Lösungsmittel, die wasserverdünnbar sind. Spachtelmasse möglichst dünn auftragen und gut nachschleifen.

Wachsen

Wachs füllt die feinen Poren des Holzes, wobei die Atmungsaktivität des Holzes erhalten bleibt. Die gewachste Oberfläche bleibt wasserdampfdurchlässig. Es gibt flüssige, weiche, mittelharte und harte Wachse, die klar oder farbig, transparent (ähnlich einer Lasur) oder farbig deckend sind. Wachsbalsame aus Naturstoffen (etwa Bienenwachs) sind, aus ökologischer Sicht, anderen Produkten vorzuziehen.

Lasieren

Lasuren bilden einen elastischen, transparenten und wasserdampfdurchlässigen Film. Das Holz atmet, und die Maserung bleibt gut sichtbar. Lasuren gibt es farblos und farbig. Man unterscheidet zwischen Dünnschichtlasuren (Vorstrich) und Dickschichtlasuren (Schlußanstrich). Bei Naturharzlasuren trifft man diese Unterscheidung nicht, denn beide Anstriche werden mit derselben Lasur gemacht.

Lackieren

Ein Lackanstrich bildet eine deckende, geschlossene Oberfläche. Er besteht immer aus mindestens zwei Schichten: der Grundierung und dem Überzug. Scharfe Kanten und Ecken müssen zuvor gut gerundet werden, sonst reißt hier die Lackschicht beim

Trocknen auf. Wasserlösliche Acryllacke werden am besten mit speziellen Acrylpinseln aufgetragen. Sie können mit einer Acrylgrundierung vorlackieren und danach endlackieren. Man kann aber auch sehr gut mit ein- und demselben Acryllack vorstreichen und endlackieren. Beim Lackieren muß stets gut gelüftet oder im Freien gearbeitet werden. Auf Spraylacke sollten Sie dabei möglichst verzichten.

Lösungsmittel

Vergewissern Sie sich beim Kauf von Klebern, Leimen und Lacken anhand der Packungsangaben, ob diese Produkte giftige Lösungsmittel enthalten. Bei Produkten auf Basis pflanzlicher Öle (Naturfarben) benötigt man zum Verdünnen und für die Reinigung ein entsprechendes Lösungsmittel. Auch hier sollten Sie, wenn immer möglich, auf natürliche Lösungsmittel zurückgreifen. Oft finden sich auf der Lackdose entsprechende Hinweise. Trotzdem gilt: immer gut lüften und vor Kindern schützen.

Reinigen

Pinsel und Werkzeuge werden nach dem Streichen ausgedrückt, auf einer Kante abgestrichen und auf Zeitungspapier ausgestrichen. Danach werden sie entsprechend den verwendeten Anstrichmitteln gereinigt, z. B. bei Acryllack mit Wasser. Reste von Anstrichstoffen aller Art dürfen nicht ins häusliche Abwasser gelangen, und auch nicht in den Hausmüll. Besser ist es, den Verlust eines eingetrockneten Pinsels in Kauf zu nehmen. Will man am nächsten Tag mit demselben Pinsel und derselben Farbe weiterstreichen, wird der Pinsel leicht ausgedrückt, luftdicht in Aluminiumfolie eingeschlagen, dann mit Zeitungspapier umwickelt und weggelegt. Pinselreiniger möglichst nicht verwenden.

Abfall

Achten Sie immer auf umweltgerechte Entsorgung, und geben Sie Farbreste, Pinsel und Auswaschpapier in einem geschlossenen Behälter grundsätzlich in den Sondermüll. Verschiedenartige Lacke, Lasuren und Lösungsmittel müssen getrennt abgegeben werden. Schütten Sie die Reste nie in andere Gefäße. Die Gefahr und die Folgen einer Verwechslung sind zu groß.

Meßlatten

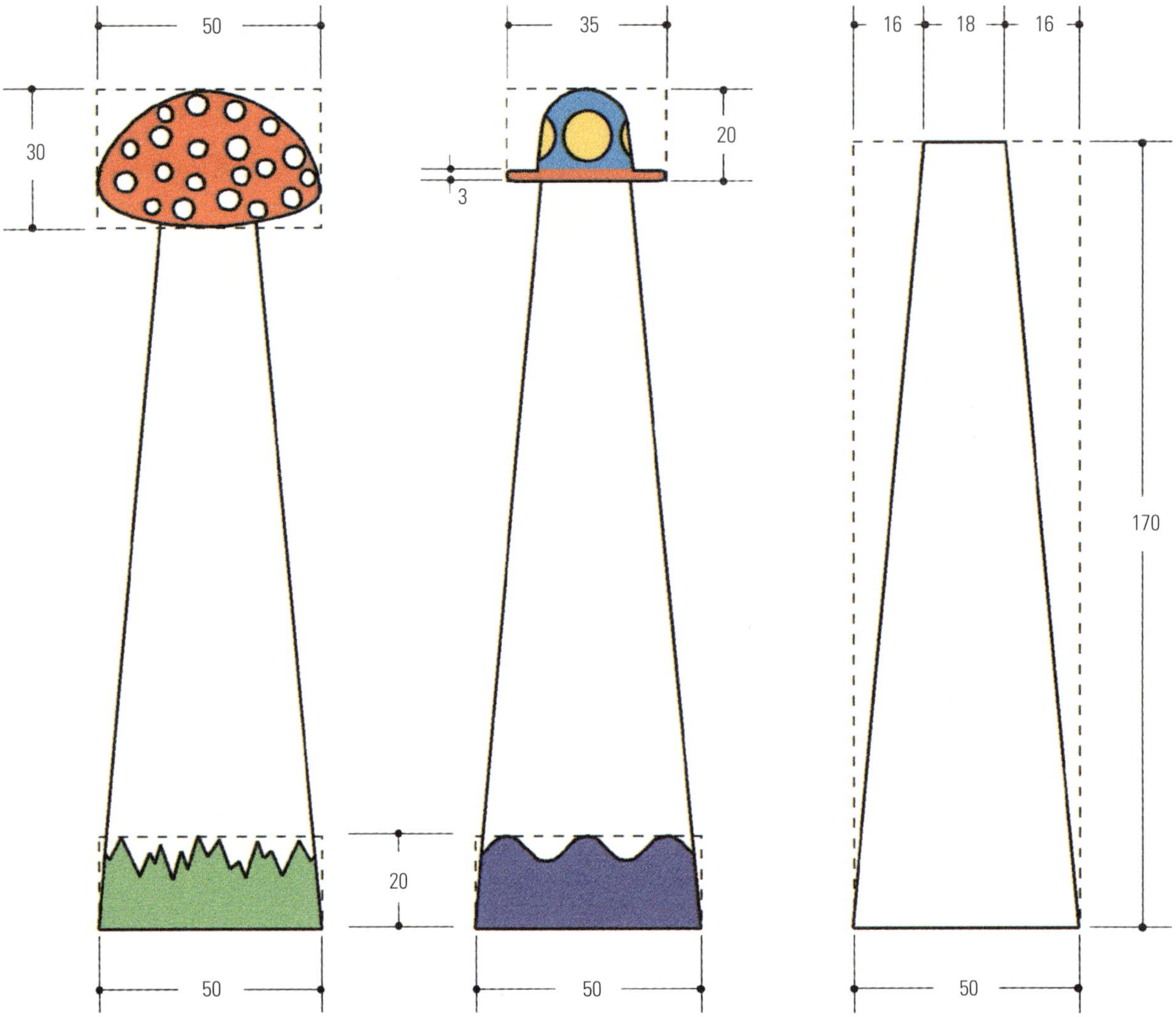

Grundmaterial ist eine 16 mm dicke Tischlerplatte und 6 mm Sperrholz.

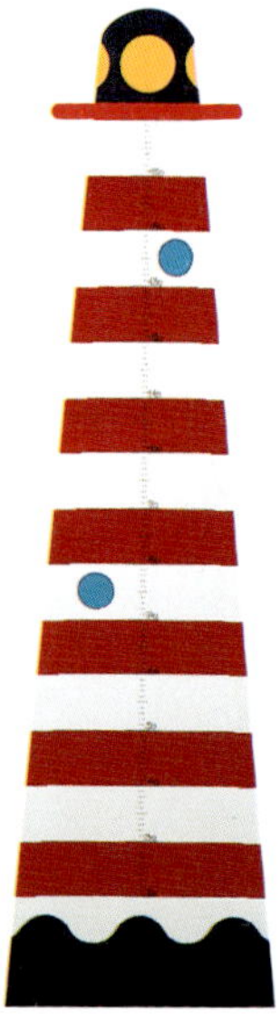

Kinder wollen hoch hinaus, und jeder Zentimeter, den sie wachsen, erfüllt sie mit Stolz. Da ist eine Meßlatte genau richtig, denn hier können sie selbst Maß anlegen und ganz voller Stolz sagen „Guck mal, wie groß ich schon bin".

Hier sind zwei Vorschläge für eine Meßlatte: einmal in Pilzform, weil Pilze ja ebenfalls in die Höhe schießen und einmal als Leuchtturm, der den Weg weist. Bauen Sie, was Ihren Kindern gefällt.

So wird's gemacht

Für den Korpus zeichnen Sie zunächst eine senkrecht durchgehende Mittellinie auf die Grundplatte, dann die von unten nach oben schräg verlaufenden Seitenkonturen. Für den Trennschnitt sollten Sie eine Anschlagleiste auf der Platte festzwängen. Danach werden Pilzkopf und Gras bzw. Leuchtturmkopf und Wellen ausgeschnitten.

Wichtig Die Schnittkanten werden mit Holzkitt verspachtelt und dann geschliffen und gerundet.

Abschluß Alle Teile lackieren, die Mittellinie in Sprüngen von 10 cm anzeichnen. Beachten Sie, daß Sie bei der Maßeinteilung direkt vom Boden ausgehen müssen. Sonst muß der entsprechende Bodenabstand berücksichtigt werden! Die Skala mit Filzstift sauber nachzeichnen. Wer es sich einfacher und zudem noch genauer machen will, klebt einfach ein Papier-Maßband auf. Dann Pilzkopf und Gras bzw. Leuchtturmkopf und Wellen auf die Grundplatte schrauben, die Meßlatte an die Wand dübeln und schrauben und die Schraubenköpfe entsprechend nachlackieren.

LEUCHTTURM-MESSLATTE

Bezeichnung	Stück	Material	Format
Grundplatte	1	Tischlerplatte 16 mm	170 x 50 cm
Leuchtturmkopf	1	Sperrholz 6 mm	35 x 20 cm
Wellen	1	Sperrholz 6 mm	50 x 20 cm

Außerdem: wasserfester Filzstift, Leim, Schleifpapier, Acryllack, 2 - 3 Schrauben mit Dübel für die Wandbefestigung

PILZ-MESSLATTE

Bezeichnung	Stück	Material	Format
Grundplatte	1	Tischlerplatte 16 mm	170 cm x 50 cm
Pilzhutplatte	1	Sperrholz 6 mm	30 x 50 cm
Grasplatte	1	Sperrholz 6 mm	20 x 50 cm

Außerdem: wasserfester Filzstift, Leim, Schleifpapier, Acryllack, 2 - 3 Schrauben mit Dübel für die Wandbefestigung

Pinguinfußbank

So eine Fußbank ist genau das Richtige für kleine Leute: Man kann bequem sitzen – ohne daß die Beine herabbaumeln, man kann sie als Aufstiegshilfe benutzen, um hinzugelangen, wo man sonst nicht hinlangt, und man hat immer Gesellschaft, denn da sind ja noch die zwei lustigen Pinguine...

Das Grundmaterial ist 18 mm dickes und 30 cm breites Leimholz und eine Holzleiste von 20 x 35 mm.

So wird's gemacht

Auf die Pinguine kommt es an, und wer die rundliche Figur der drolligen Kerlchen freihand nicht so gut hinbekommt, der nimmt die Rasterzeichnung zu Hilfe: Zeichnen Sie mit Lineal und Bleistift auf die obere Hälfte einer Seite ein Rasterfeld mit einer Rasterkantenlänge von 2 x 2 cm. Jetzt übertragen Sie die Kontur der Zeichnung auf das Werkstück. Dann mit der elektrischen Stichsäge die Kontur aussägen. Das fertige Stück ist die Schablone für die andere Seite.
Damit der Hocker später nicht wakkelt, werden die Seiten unten über eine Länge von 20 cm um 1 cm ausgesägt.

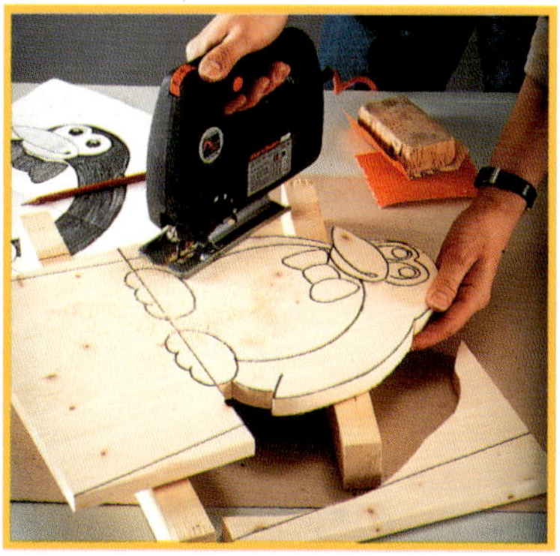

Hilfsleisten bringen Bodenfreiheit bei der Arbeit mit der Stichsäge.

Fertigstellung Beide Seiten werden aufeinandergelegt, in die Werkbank eingespannt und mit der Holzraspel die Kontur nachgearbeitet. Dann bei beiden Stücken alle Kanten mit Schleifpapier gut runden. Erst die vier Zargenleisten unter die Trittfläche leimen und schrauben und den Abstand von 1 cm beachten, dann die Seitenteile anleimen und anschrauben. Am fertigen Hocker alle Kanten mit Schleifpapier runden, dann die Figuren und die restliche Fußbank lackieren.
Fangen Sie mit den hellen Farbtönen an. Schwarze Konturen können Sie mit einem wasserfesten Filzstift aufmalen.

PINGUINFUSSBANK

Bezeichnung	**Stück**	**Material**	**Format**
Seite	2	Leimholz 18 mm	30 x 44 cm
Trittfläche	1	Leimholz 18mm	25 x 38 cm
Zarge, lang	2	Leiste 2 x 3,5 cm	38 cm
Zarge, kurz	2	Leiste 2 x 3,5 cm	19 cm

Außerdem: Leim, Schleifpapier, Acryllack

Das Spitzen-Ding

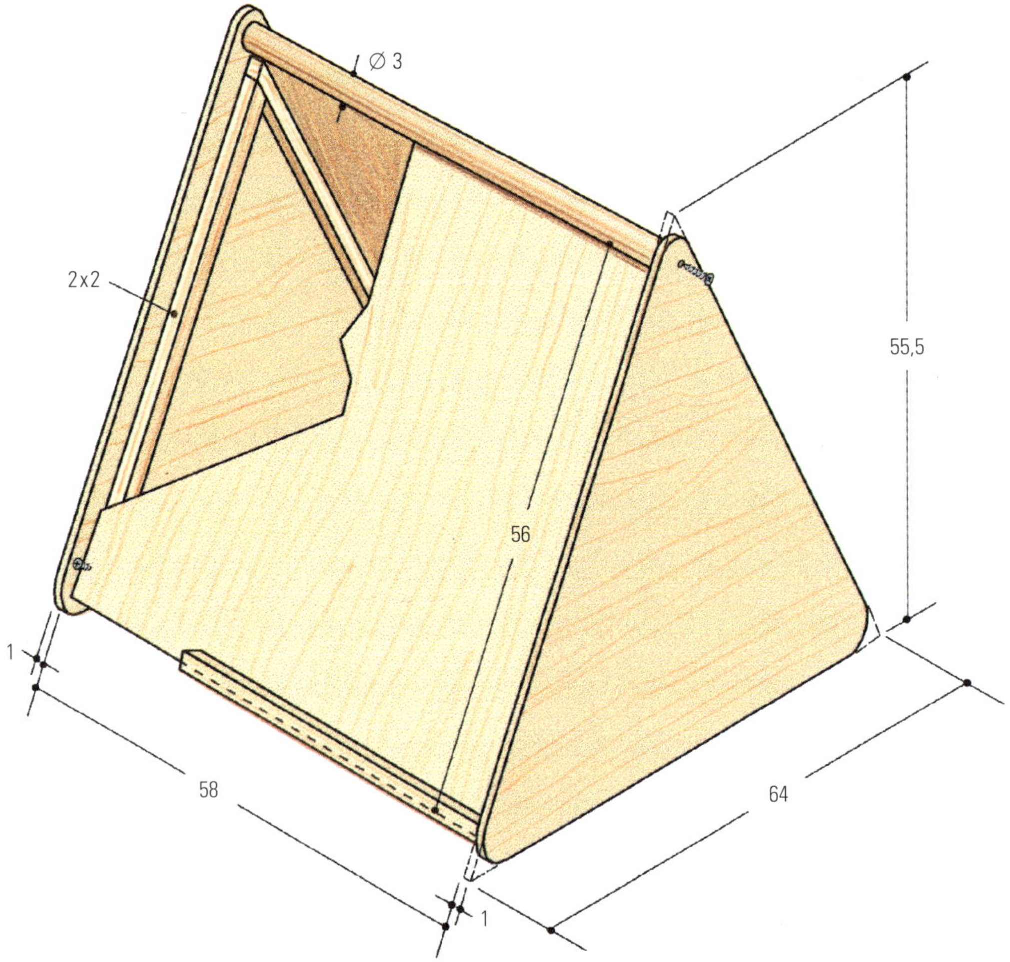

Wie soll man dieses dreieckige Ding nur nennen? Man kann es als Tafel benutzen, darunter Sachen verstecken und man kann es – aufrecht gestellt – als Spieltisch benutzen. Einfach Spitze! Also nennen wir dieses vielseitige Etwas doch einfach so: das Spitzen-Ding.

Der Rundstab wird am „Rohbau" zur Probe eingepaßt.

So wird's gemacht

Das Spitzen-Ding ist auch ein schnelles Ding: sind alle Teile erst zugeschnitten und gut vorbereitet, baut man sie nur noch zusammen und – simsalabim – schon fertig.

Zuschnitt Die Sperrholzplatten und Dreiecke lassen Sie gleich beim Kauf zuschneiden. Geht letzteres nicht, müssen Sie die Dreiecke selbst zuschneiden. Dazu zeichnen Sie die Dreiecke über Kopf und nebeneinander auf die 55, 5 cm x 100 cm große Platte. Gesägt wird mit der elektrischen Stichsäge.

Vorbereitung Alle Ecken der Dreiecke mit der Holzraspel runden (Radius 1,8 cm), jeweils im oberen Eck die Position der Rundstange anzeichnen und das Schraubloch vorbohren.
Die Anschlagleisten so auf die Innenseiten der Dreiecke leimen und stiften (nageln), daß sie unter der Rundstange aneinanderstoßen.
Die Seiten vorlackieren (sonst haftet die Tafelfolie nicht), dann die Folie aufkleben und noch 2 cm um die gerundeten Kanten herumziehen.

Zusammenbau Die Rundstange zwischen die Dreiecke leimen und schrauben, dann die Tafeln einlegen und in die Anschlagleisten durchschrauben. Zum Schluß unten auf

Die zuvor klarlackierte Platte wird mit Tafelfolie beklebt und eingebaut.

die Tafeln – bündig mit der Unterkante – je eine Anschlagleiste anschrauben. Abschließend alle Kanten mit Schleifpapier gut runden, dann – mit Ausnahme der Tafelflächen – das fertige Spitzen-Ding lackieren.

DREIECKSTAFEL

Bezeichnung	**Stück**	**Material**	**Format**
Seite	1	Sperrholz 10 mm	100 x 55,5 cm
Tafel	2	Sperrholz 10 mm	56 cm x 58 cm
Rundholz	1	∅ 30 mm	58 cm
Anschlagleiste	6	2 x 2 cm	ca. 3,5 lfd. m

Außerdem: Tafelfolie, Leim, Schleifpapier, Acryllack

Aufräumer

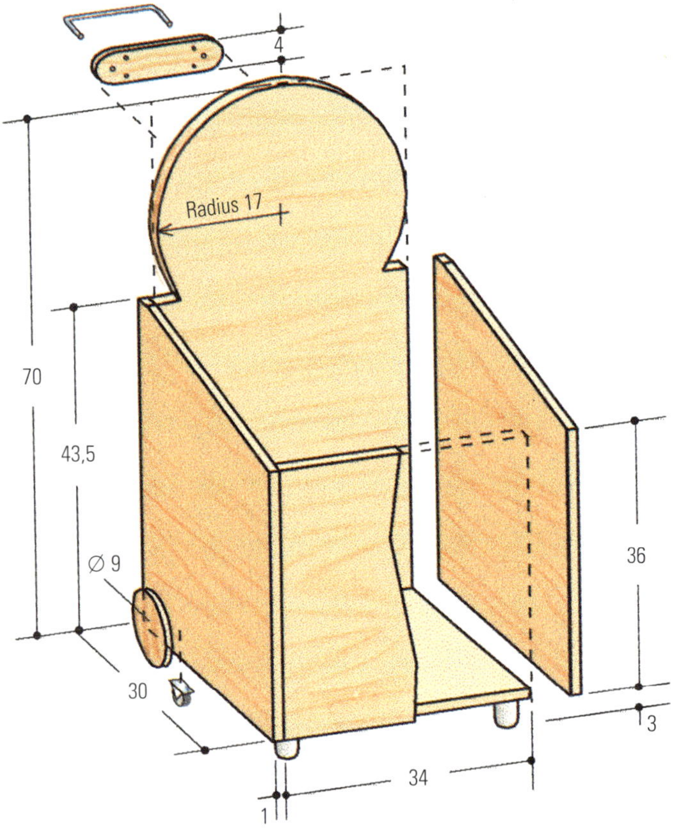

Ordnung ist das halbe Leben – aber ach, wie soll man als so kleiner Mensch wissen, was das bedeutet. Ja, Ordnung lernen ist schwer und weil Papa das weiß, hat er jedem seiner Kinder eine lustige Kiste gebaut, wo man seine Spielsachen reintun kann. Und weil die Kisten Räder haben, kann man die schönen Dinge überall hin karren.

So wird's gemacht

Die Kästen sind im Handumdrehen fertig, sie werden einfach nur geleimt und gestiftet. Allerdings gibt es zwei Besonderheiten: Die Seiten steigen nach hinten an, Kopf und Rückwand sind aus einem Stück.

Vorbereitung Damit es später keine Klagen gibt, setzen Sie sich am besten mit Ihrem Kind zusammen und suchen einen Entwurf aus und verändern ihn nach Wunsch. Haare, Zöpfe, Federn (wenn es ein anderes Wesen sein soll) können zusätzlich angebracht werden.

Zuschnitt Sie können alle Teile selbst zuschneiden oder gleich fertig zugeschnitten kaufen. Dann nur noch die Kontur des Kopfes auf die Rückwand übertragen und mit der Stichsäge aussägen.

Zusammenbau Den Korpus zusammenleimen, stiften und alle Kanten mit Schleifpapier runden, die Nagellöcher zuvor verspachteln. Jetzt die Kontur des Gesichts und der „Hände" übertragen und Kopf und Kiste lackieren. Kohlenkastenrollen und Türstopper unter den Boden schrauben und die Radscheiben (Bodenabstand 1 cm) an den Seiten so anschrauben, daß sie die Kohlenkastenrollen verdecken. Jetzt fehlt nur noch der Griff: In der Griffplatte die Schraublöcher vorbohren, den Griff festschrauben und die Griffplatte von hinten an den Kopf schrauben.

Grundmaterial ist 10 mm dickes Sperrholz. Fertig zugeschnitten erleichtert es die Arbeit.

Tip Wenn sie innen auf den Kastenboden ein Stück Filz oder Teppich kleben, macht es weniger Lärm, wenn harte Gegenstände im Kasten landen.

AUFRÄUMER

Bezeichnung	Stück	Material	Format
Rückwand	1	Sperrholz 10 mm	70 x 34 cm
Seite	2	Sperrholz 10 mm	43,5 x 30 cm
Vorderwand	1	Sperrholz 10 mm	36 x 34 cm
Boden	1	Sperrholz 10 mm	34 x 28 cm
Rad	2	Sperrholz 10 mm	∅ 9 cm
Griffplatte	1	Sperrholz 10 mm	16 x 4 cm

Außerdem: 2 Kastenrollen (Höhe ca. 30 mm), 2 Türpuffer (Höhe ca. 30 mm), 1 Griff ca. 13 cm lang, Leim, Schleifpapier, Acryllack

„Oh, mein Papa", heißt es in einem bekannten Zirkuslied, „war eine wunderbare Mann. Oh, mein Papa war eine große Künstler". Unser Beppo hat genau denselben schönen, breiten, roten Mund wie der Clown aus dem Lied. An ihm kann man Jacken, Mützen und Rucksack aufhängen, Stiefel und Schulranzen finden auf dem Ablagebrett zu seinen Füßen Platz.

Garderobenhaken werden vorgebohrt und von hinten her verschraubt. Die Holzknöpfe werden nur eingeleimt.

So wird's gemacht

Ein Clown lebt von seinen völlig verrückten Klamotten und seinem geschminkten Gesicht. Deshalb sind auch figürlicher Entwurf und farbliche Gestaltung sehr wichtig. Daneben ist der Garderoben-Clown aber auch von beiden Seiten zu nutzen und sogar rollbar.

Vorbereitung Zeichen Sie mit dem Bleistift (Filzschreiber „schlagen" nach dem Lackieren durch) auf Vorder- und Rückseite der 120 cm x 100 cm großen Figurenplatte das Rasternetz von 16 cm x 16 cm Kantenlänge. Jetzt die Zeichnungsvorlage übertragen. Die Grundplatte mit zwei Strichen kreuzförmig aufteilen, dann die Ellipse (r = 75 cm) zeichnen und die spitzen Ecken runden.

Zuschnitt Machen Sie das am besten mit der elektrischen Stichsäge und eingespanntem Kurvensägeblatt. Zum Ansatz der Stichsäge für das Aussägen der Grifflöcher bohren Sie innerhalb der Schnittlinie ein Loch von 10 mm ∅ vor.

Zusammenbau Die beiden Stützen zusammenleimen und -schrauben und hinter die Figur leimen und von vorne durchschrauben. Dann die Grundplatte untersetzen, ebenfalls leimen und durchschrauben. Zwecks besserer Stabilität leimen und schrauben Sie noch zwei kurze

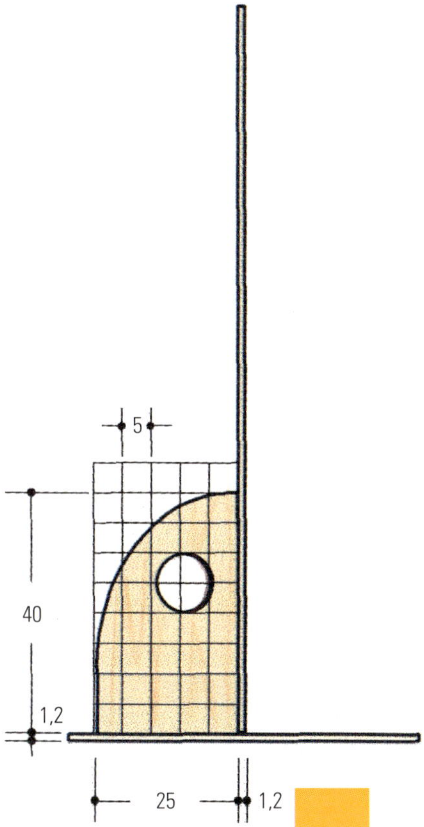

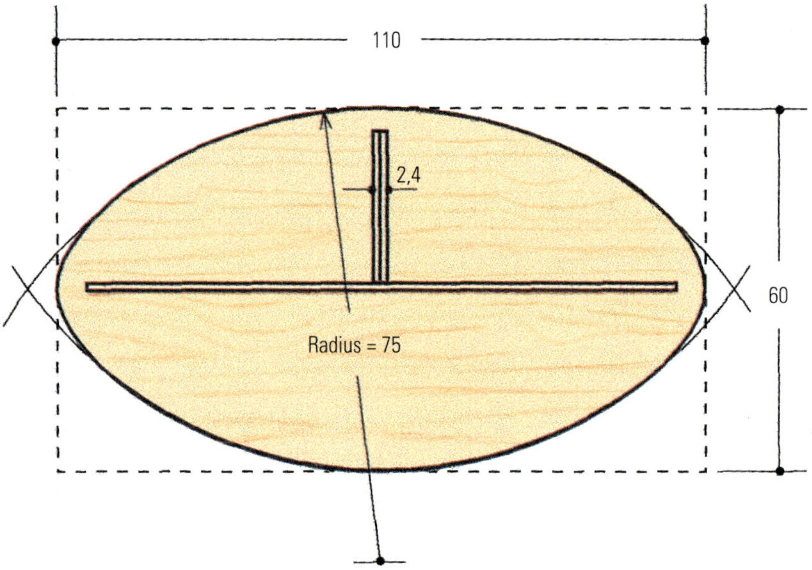

Auch von hinten ist der Clown mit Garderobenhaken bestückt und nutzbar.

Beide Stützplatten leimen und zusammenschrauben, dann die Rundung sägen.

Stückchen von einer Dreikantleiste in den Winkel von Figur und Grundplatte, dann werden die Garderobenhaken angebracht und zum Schluß die vier Lenkrollen unter die Grundplatte geschraubt.
Wenn Sie den Clown ohne Leim zusammenbauen, ist er später demontierbar.

Lackieren Alle Kanten müssen sorgfältig verspachtelt, mit Schleifpapier gut gerundet und verschliffen werden. Dann wird lackiert. Beginnen Sie mit der hellsten Farbe, dann geht es weiter bis zu den dunkelsten Tönen.
Details wie Knöpfe oder Augen werden zum Schluß gemalt.

CLOWN-GARDEROBE

Bezeichnung	Stück	Material	Format
Bodenplatte	1	Sperrholz 12 mm	110 x 60 cm
Stütze	2	Sperrholz 12 mm	40 x 25 cm
Figurenplatte	1	Sperrholz 12 mm	120 x 100 cm

Außerdem: Holzhaken: 4 große, 8 kleine, 6 Kugelholzhaken, 3 Knopfhaken, groß; 3 Knopfhaken, klein; 4 Lenkrollen ca. 34 mm hoch, Nägel, Schrauben, Leim, Schleifpapier, Acryllack, Plakafarbe, Montageecken oder Winkel

Figuren-Gaderobe

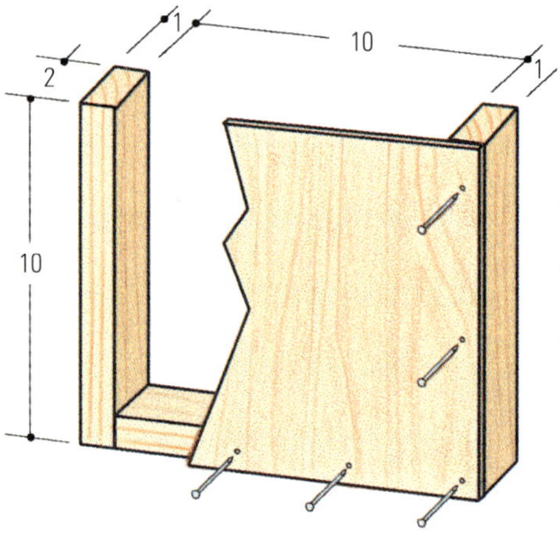

Mit einem fröhlichen Lachen und weit ausgebreiteten Armen sagen die Figuren-Garderoben: „Her mit den Klamotten – wir nehmen auch die schwersten Sachen mit Leichtigkeit auf unsere starken Schultern. Jacke, Hemd, Schulranzen – hängt alles an, wir passen auf.“ Ja, sogar für Krimskrams, Schlüssel und Comic-Hefte ist noch viel Platz in der vorgesetzten Hosentasche.

So wird's gemacht

Das Besondere an dieser Garderobe sind die stabilen, selbstgemachten Kleiderhaken aus Rundhölzern und Dübeln: Hier kann nichts abrutschen. Damit die Rundhölzer unter der Bohrmaschine nicht wegrollen, wenn Sie das Loch für die Stopperdübel bohren, benutzen Sie zum Bohren einen Bohrständer und einen Maschinenschraubstock. Dann bohren Sie auch noch das Schraubloch (∅ 3 mm) in der Rundholzstirnseite vor. Zum Schluß die drei Distanzleisten vorbohren, als Vorbereitung für die Wandmontage.

Vorbereitung Auf die Rückseite der Figurenplatte ein 10 cm x 10 cm

Mit Hilfe eines Bohrständers treffen Sie genau die Mitte der Hakenträger, die in einem Maschinenschraubstock eingespannt sind.

großes Rasterfeld zeichnen und dann die Figur von der Zeichnung spiegelverkehrt auf die Platte übertragen. Das hat den Vorteil, daß die Schnittkanten beim Sägen auf der Vorderseite sauber und gerade werden.

Jetzt bohren Sie auch gleich die Löcher für die Garderobenhaken (∅ 4 mm) und die Tasche (∅ 3 mm). Für die Tasche werden die Kiefernleisten U-förmig hinter die 4 mm Sperrholzplatte geleimt und gestiftet.
Gesägt wird mit der elektrischen Stichsäge und eingespanntem Kurvensägeblatt.

Fertigstellung Die Tasche von der Rückseite her durchschrauben. Jetzt die Bohrungen für die Befestigung der Distanzleisten anbringen. Jetzt wird lackiert. Dann die Garderobenhaken ansetzen und festschrauben. Löcher für die Befestigungsdübel in die Wand bohren, und die Garderobe an die Wand schrauben. Schraubenköpfe mit Lack farbig angleichen.

Bezeichnung	**Stück**	**Material**	**Format**
Figurenplatte			
Mädchen/Junge	1	Sperrholz 10 mm	120 x 80 cm
Garderobenhaken	6	Rundholz ∅ 20 mm	ca. 5 cm
Stopper	6	Dübelstange ∅ 8 mm	ca. 3 cm
Taschenfront	1	Sperrholz 4 mm	10 x 12 cm
Taschenseite	3	1 x 2 cm	10 cm
Distanzleiste, oben	1	2 x 2 cm	60 cm
Distanzleiste, unten	2	2 x 2 cm	15 cm

Außerdem: Leim, Schleifpapier, Acryllack

Bank zum Malen

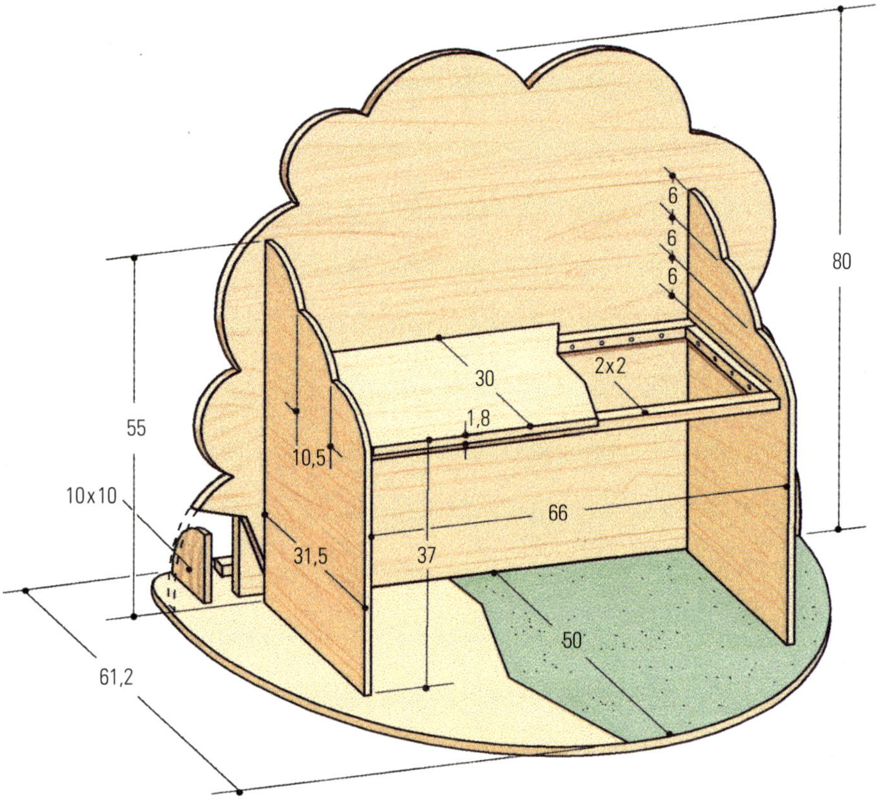

Das ist genau richtig für Kinder. Eine kleine Bank zum Schmökern, aber auch zum Spielen. Dazu noch Platz für Spielsachen und Bücher. Auf der Bank kann man sich nicht nur toll ausruhen, sondern auch schon mal in den Himmel der Phantasie entschweben. Wieder auf der Erde, wird das Gesehene und Erlebte gleich auf die Tafel gemalt.

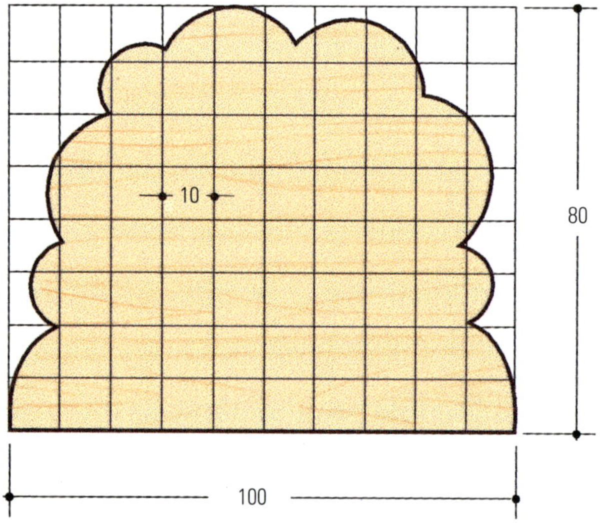

So wird's gemacht

Zuschnitt Schneiden Sie die einzelnen Stücke zunächst nur nach den Außenmaßen in rechtwinklige Platten zu, dann übertragen Sie darauf nach der Zeichnung die kurvigen Konturen.
Sägen Sie ein Stück nach dem anderen aus. Die beiden Seiten werden nach dem Zuschnitt aufeinandergelegt und, wenn nötig, die Konturen mit der Holzraspel angeglichen.

Zusammenbau Die Auflageleisten unter die Sitzplatte leimen und schrauben, die Vorderkante der fertigen Platte mit Holzraspel und Schleifpapier runden. Die Platte mittig auf die Buschrückwand legen, die

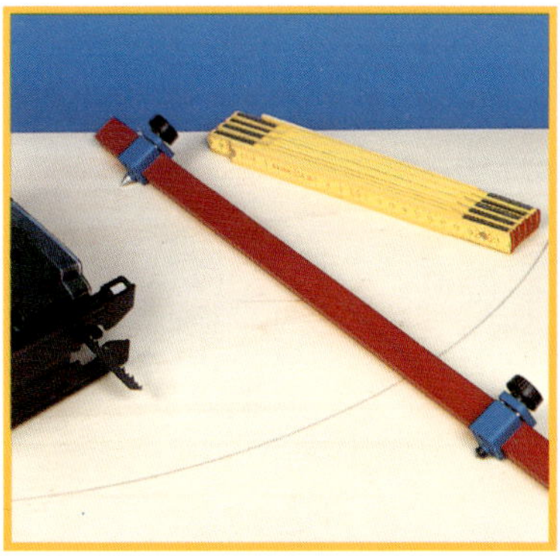

Mit dem Blauen „Perfect Marker" (im richtigen Radius auf eine Leiste klemmen) markieren Sie die Rundung der Bodenplatte.

Seiten dagegenstellen und die Position der Seiten anreißen. Dann Seiten und Rückwand miteinander verleimen und verschrauben, Sitzfläche einleimen und in die Tragleisten durchschrauben. Die fertige Bank auf die Grundplatte leimen und von unten durchschrauben. Die Kreideleiste und die Viertelkreise leimen und anschrauben. Jetzt alle Kanten runden. Zuletzt die Tafelfolie zuschneiden; 2 cm rundum größer als die Tafelplatte.

Fertigstellung Die Bank lackieren. Wenn der Lack trocken ist, die Grasmatte zuschneiden und mit Kontaktkleber (ohne Lösungsmittel) aufkleben. Zuletzt die Tafelplatte mit Tafelfolie bekleben und von hinten an die Buschrückwand anschrauben.

Bezeichnung	Stück	Material	Format
Rückwand	1	Sperrholz 12 mm	100 x 80 cm
Seite	2	Sperrholz 12 mm	55 x 31,5 cm
Bodenplatte	1	Sperrholz 12 mm	100 x 61,2 cm
Viertelkreis (Rest)	2	Sperrholz 12 mm	10 x 10 cm
Tafel	1	Sperrholz 4 mm	77 x 55 cm
Sitzplatte	1	Leimholz 18 mm	66 x 30 cm
Auflageleiste, lang	2	2 x 2 cm	66 cm
Auflageleiste, kurz	2	2 x 2 cm	24 cm
Leiste für Kreide	1	2 x 2 cm	77 cm

Außerdem: 2 Garderobenhaken, Grasteppich 100 cm x 50 cm, Kontaktkleber ohne Lösungsmittel, Tafelfolie, Leim, Schleifpapier, Acryllack

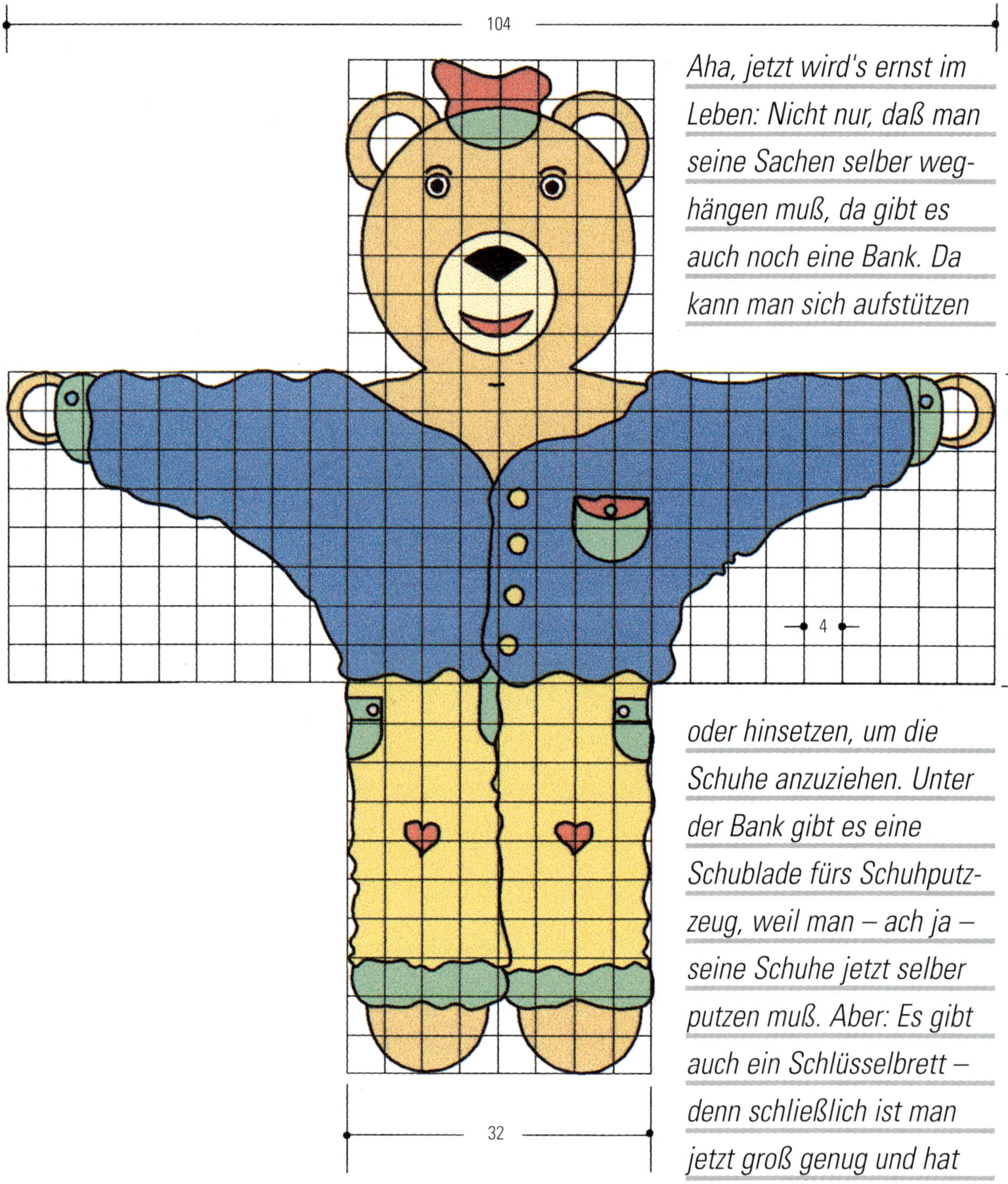

Aha, jetzt wird's ernst im Leben: Nicht nur, daß man seine Sachen selber weghängen muß, da gibt es auch noch eine Bank. Da kann man sich aufstützen oder hinsetzen, um die Schuhe anzuziehen. Unter der Bank gibt es eine Schublade fürs Schuhputzzeug, weil man – ach ja – seine Schuhe jetzt selber putzen muß. Aber: Es gibt auch ein Schlüsselbrett – denn schließlich ist man jetzt groß genug und hat selbstverständlich sein eigenes Schlüsselbund.

So wird's gemacht

Dies ist ein umfangreiches Bauvorhaben in vier Abschnitten und mit vier Materiallisten. Deshalb haben wir die allgemeinen Schritte wie Konturen übertragen und dann den Zuschnitt unter der Überschrift Vorbereitung zusammengefaßt. Dann folgen die individuellen Baubeschreibungen.

Vorbereitung Die Konturen übertragen Sie mit Hilfe der Rastermethode auf die Werkstücke: Für Bärenkörper und Bärenjacke zeichnen Sie ein Rastergitter von 4 cm Kantenlänge und 1 cm beim Schlüsselhalter auf. Die Teile für Sockel und Schubkasten können Sie gleich beim Kauf zuschneiden lassen. Sie brauchen nur noch die oberen Ecken der Rückwand und die vorderen Ecken der Deckplatte abrunden. Alle Sichtkanten (das sind die Kanten, die man nach dem Zusammenbau sehen und fassen kann), werden dann noch mit Schleifpapier gerundet.

Figur Mütze und Hosentasche aussägen, aufleimen und mit Stiften sichern. Für die Manschettenknöpfe, Taschenknöpfe und Augen entsprechend große Löcher bohren und die Kugeln aufsetzen. Alle Teile erst nach dem Lackieren einleimen.

Zwei Sperrholzstreifen bilden die Grundfigur der Bärengarderobe.

FIGUR

Bezeichnung	**Stück**	**Material**	**Format**
Bärenkörper	1	Sperrholz 10 mm	104 x 32 cm
Bärenjacke	1	Sperrholz 10 mm	104 x 32 cm
Mütze	1	Sperrholz 10 mm (Rest)	14 x 10 cm
Tasche	2	Sperrholz 10 mm (Rest)	7 x 5 cm
Aufdoppelung	1	Sperrholz 10 mm (Rest)	30 x 4 cm
Ablageleiste	1	4 x 4 cm	92 cm
Distanzleiste	1	4 x 4 cm	24 cm
Wandleiste	1	2 x 4 cm	86 cm
Jackenknopf	4	Querholzscheibe	∅ 20 mm
Manschettenknopf	2	Holzkugel	∅ 20 mm
Taschenknopf	3	Holzkugel	∅ 15 mm
Auge	2	Halbkugel, Holz	∅ 20 mm

Außerdem: 11 Mantelhaken (Holz), 2 Stuhlwinkel 40 x 40 mm, Leim, Schleifpapier, Acryllack

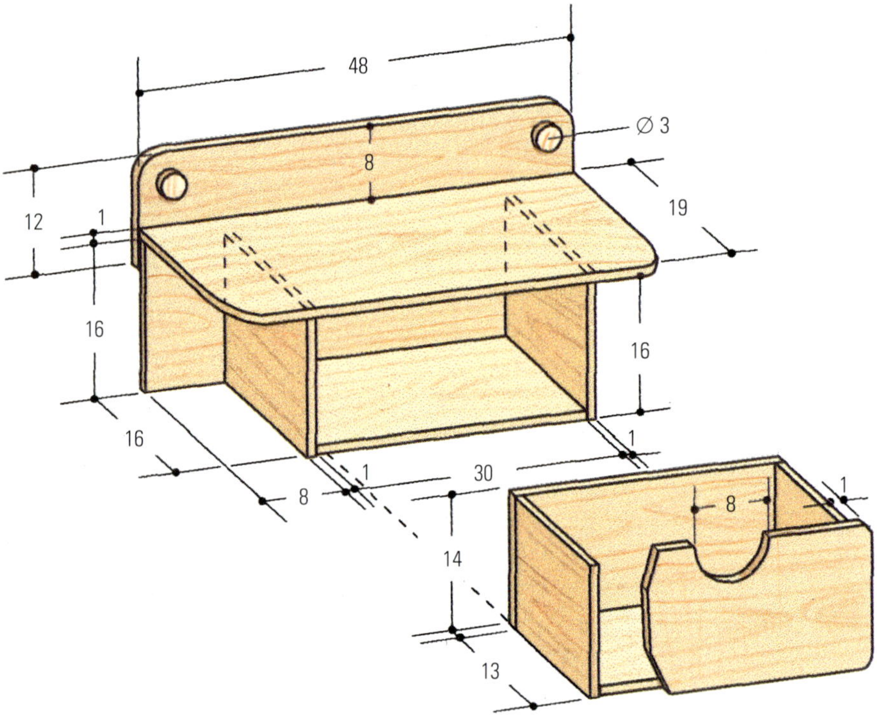

Die Ablageleiste wird mit zwei Sperrholzstreifen, mit Leim und kleinen Stiften aufgedoppelt.

Der Sockel wird samt Schubkasten einfach vor die Wand gestellt.

Die Ablageleiste hinter die Bärenplatte leimen und schrauben, dann links und rechts Aufdoppelungen aufleimen und stiften. Zum Schluß die Stuhlwinkel entsprechend der Zeichnung unter die Ablageleiste schrauben. Die fertige Figur und die Jacke lackieren und danach zusammenschrauben. Jetzt die Knöpfe, Kugeln, Garderobenhaken und alle anderen Teile lackieren und anbringen, ganz zum Schluß die Distanzleiste anschrauben.

Sockel Zunächst Rückwand und Deckplatte, dann die Seiten und den Sockelboden U-förmig zusammenleimen und stiften. Beide Baugruppen mittig zusammenleimen und stiften. Zum Schluß den Rückwandstreifen anleimen, stiften und alles lackieren. Dann die beiden Holzscheiben aufleimen oder kleben.

Schubkasten Boden und Seiten U-förmig zusammenleimen und stiften, dann das Hinterstück und das Vorderstück bündig mit der Ober- und Unterkante ansetzen, so daß es links und rechts gleichmäßig übersteht, dann leimen und stiften.

Aufbau Die Wandleiste an die Wand dübeln und schrauben, wobei zwischengelegte Unterlegscheiben für den nötigen Abstand sorgen, damit später die Stuhlwinkel eingreifen können. Den Sockel vor die Wand stellen und den fertigen Bären mit den Stuhlwinkeln in die Wandleiste einhängen.

Die Distanzleiste hält den Bären im richtigen Abstand zur Wand. Die Leiste wird nur hinter die Bärenbeine geschraubt.

SOCKEL

Bezeichnung	Stück	Material	Format
Deckplatte	1	Sperrholz 10 mm	48 x 19 cm
Rückwand	1	Sperrholz 10 mm	48 x 16 cm
Seite	2	Sperrholz 10 mm	16 x 16 cm
Boden	1	Sperrholz 10 mm	30 x 16 cm
Rückwandstreifen	1	Sperrholz 10 mm	48 x 12 cm
Zierknopf	2	Querholzscheibe	∅ 3 cm

Außerdem: Leim, Schleifpapier, Acryllack

SCHUBKASTEN

Bezeichnung	Stück	Material	Format
Boden	1	Sperrholz 10 mm	13 x 25,5 cm
Rückwand	1	Sperrholz 10 mm	14 x 27,5 cm
Front	1	Sperrholz 10 mm	14 x 29,5 cm
Seite	2	Sperrholz 10 mm	13 x 14 cm

Außerdem: Leim, Schleifpapier, Acryllack

SCHLÜSSELHALTER

Bezeichnung	Stück	Material	Format
Kleiner Bär (Mütze aus Zuschnittresten)	1	Sperrholz 6 mm	26 x 26 cm

Außerdem: 6 Haken, 1 Aufhänger, Leim, Schleifpapier, Acryllack

Schlüsselhalter Weil er viel kleiner ist als der „Große Bär", den „Kleinen Bären" mit der Laubsäge aus einem Stück Sperrholz aussägen und die Konturen aufmalen. Rastermaß = 1 cm (größeres Raster = größere Figur). Danach alle Kanten mit Schleifpapier runden und den Schlüsselhalter lackieren. Die Haken eindrehen und den Aufhänger an der Rückseite befestigen.

B ank aus Leimholz

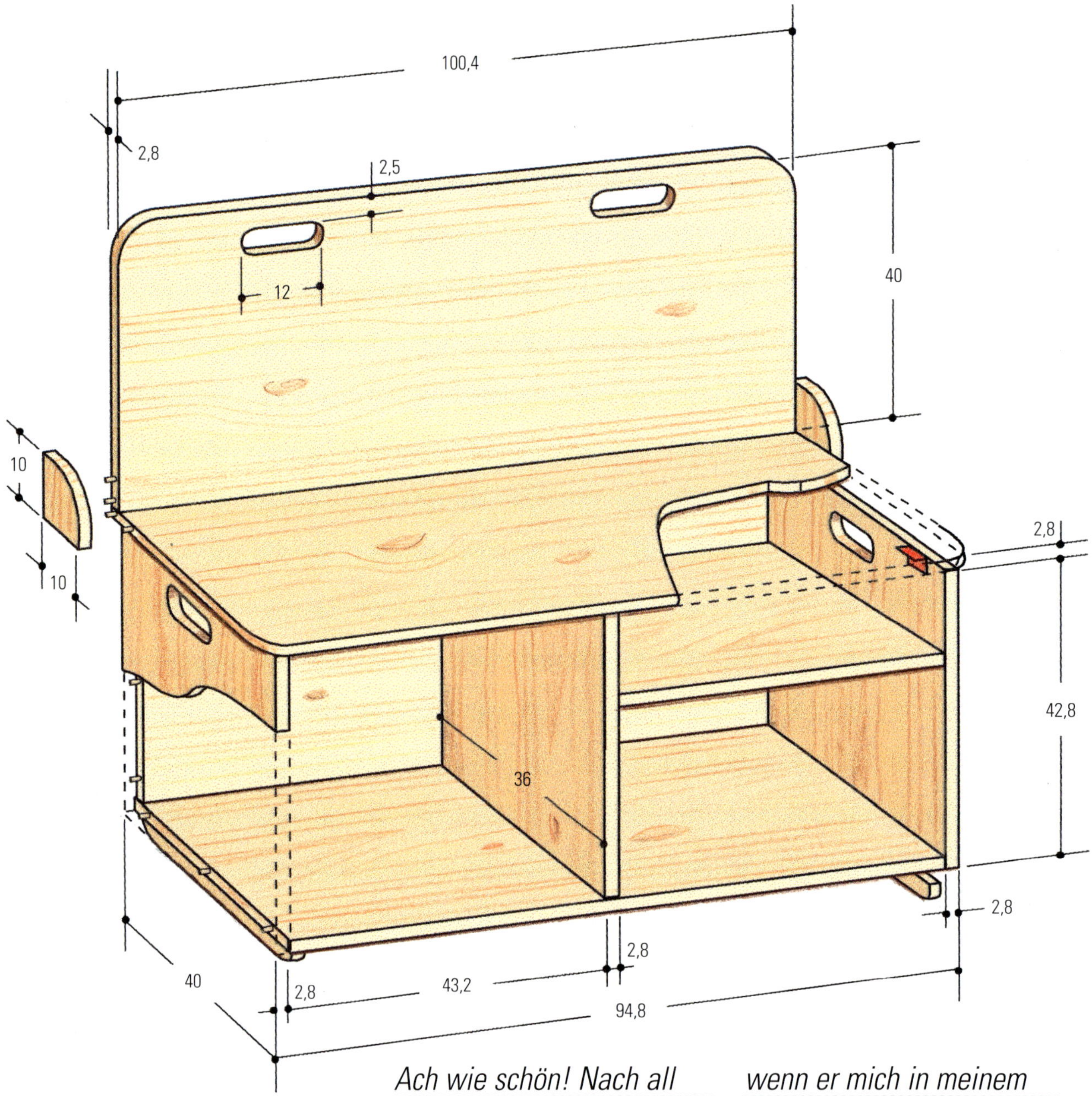

Ach wie schön! Nach all der Schufterei für die Kinder baut Papa endlich mal was, mit dem er selbst auch etwas anfangen kann: eine solide Bank, auf der wir beide sitzen können, wenn er mich in meinem Zimmer besucht. Aber natürlich wäre Papa nicht Papa, wenn in der Bank nicht noch jede Menge Platz wäre für Spielsachen und Krimskrams.

So wird's gemacht

Die kleine Bank ist zwar eine Kinderbank, aber sie ist wirklich so solide konstruiert, daß auch ein Erwachsener sehr gut darauf sitzen kann. Das liegt an dem Baumaterial: solides, 28 mm dickes Leimholz. Das ist wirklich stabil.

Vorbereitung Leimholzplatten gibt es in verschiedenen Breiten und Längen. Die Maße der Bank sind so gewählt, daß sie aus drei 28 mm dicken Leimholzplatten von 40 cm x 200 cm gebaut werden kann.

Zuschnitt Das ist eine einfache Sache, die, mit einer elektrischen Handkreissäge, schnell erledigt ist. Sie können sich aber auch alle Teile gleich beim Kauf im Baumarkt zuschneiden lassen. Wenn Sie die Materialliste ansehen, werden Sie feststellen, daß – bis auf drei Teile – alle Stücke das Grundmaß von 40 cm aufweisen. Sie brauchen auf den Leimholzplatten einfach nur

Gesägt wird rechtwinkelig am Sägetisch und Führungsschlitten.

Bezeichnung	**Stück**	**Material**	**Format**
Einlegeboden	1	Leimholz 28 mm	40 x 89,2 cm
Seite	2	Leimholz 28 mm	40 x 42,8 cm
Rückwand	1	Leimholz 28 mm	40 x 89,2 cm
Zwischenwand	1	Leimholz 28 mm	40 x 36,0 cm
Boden	1	Leimholz 28 mm	36 x 43,2 cm
Sitzfläche	1	Leimholz 28 mm	40 x 100,4 cm
Rückenlehne	1	Leimholz 28 mm	40 x 100,4 cm
Eckstücke (aus Resten)	2	Leimholz 28 mm	10 cm x 10 cm
Bodenleiste	2	3 x 3 cm	36 cm

Außerdem: Holzdübel ∅ 8 mm, Metallwinkel, Schleifpapier, Holzwachs, Acryllack

Die Zwischenwand wird mit der Rückwand verleimt. Von unten her kann geschraubt werden.

Für das Aussägen der Grifflöcher wird ein Kurvensägeblatt benutzt.

Leimholzplatten werden mit Holzdübeln verbunden. Verwenden Sie dazu Dübelhilfen.

den rechten Winkel anzulegen und das Längenmaß anzureißen. Sodann werden die Außenecken von Rückenlehne, Sitzfläche und Eckstücken gerundet und die Grifflöcher (ein Loch von ∅ 10 mm vorbohren, damit die Stichsäge angesetzt werden kann) ausgeschnitten.

Zusammenbau Alle Teile werden geleimt, geschraubt oder gedübelt. Zum Dübeln werden zunächst auf den Kanten die Dübellöcher angerissen, gebohrt, und dann die Dübelpositionen mit Dübelmarkern oder anderen Dübelhilfen auf die Gegenstücke übertragen. Der Einlegeboden wird mit Winkeln eingesetzt und ist daher versetzbar.

Fertigstellung Erst wird die Rückwand auf den Boden geleimt (1 cm eingerückt) und befestigt, danach muß die Zwischenwand eingebaut werden. Dann werden die linke und rechte Seite angebaut. Nun kann die Rückenlehne und die Sitzfläche miteinander verleimt und verbunden werden. Dann wird diese Winkelplatte mit den Eckstücken versteift. Dieser fertige „Sitzwinkel" (aus Sitzfläche und Rückenlehne) wird auf das Untergestell gelegt und mit sechs Winkeln befestigt. Der Sitzwinkel kann einmal mit der Lehne zur Rückwand oder mit der Lehne zur offenen Seite hin aufgesetzt werden – je nach Gebrauch. Die Bodenleisten an beiden Enden müssen stark gerundet und unter die Bank geschraubt werden. Alle Teile sollten dann gut geschliffen, alle Kanten gerundet und abschließend die Bank am besten mindestens zweimal gewachst werden.

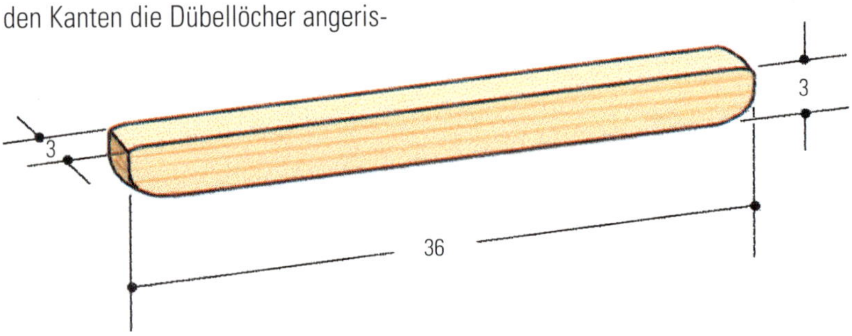

Sitzbankwinkel und Zwischenboden werden mit Winkeln am Korpus befestigt.

Dübellöcher mit Dübelmarkern übertragen und mit Tiefenanschlag bohren.

Bücherhaus

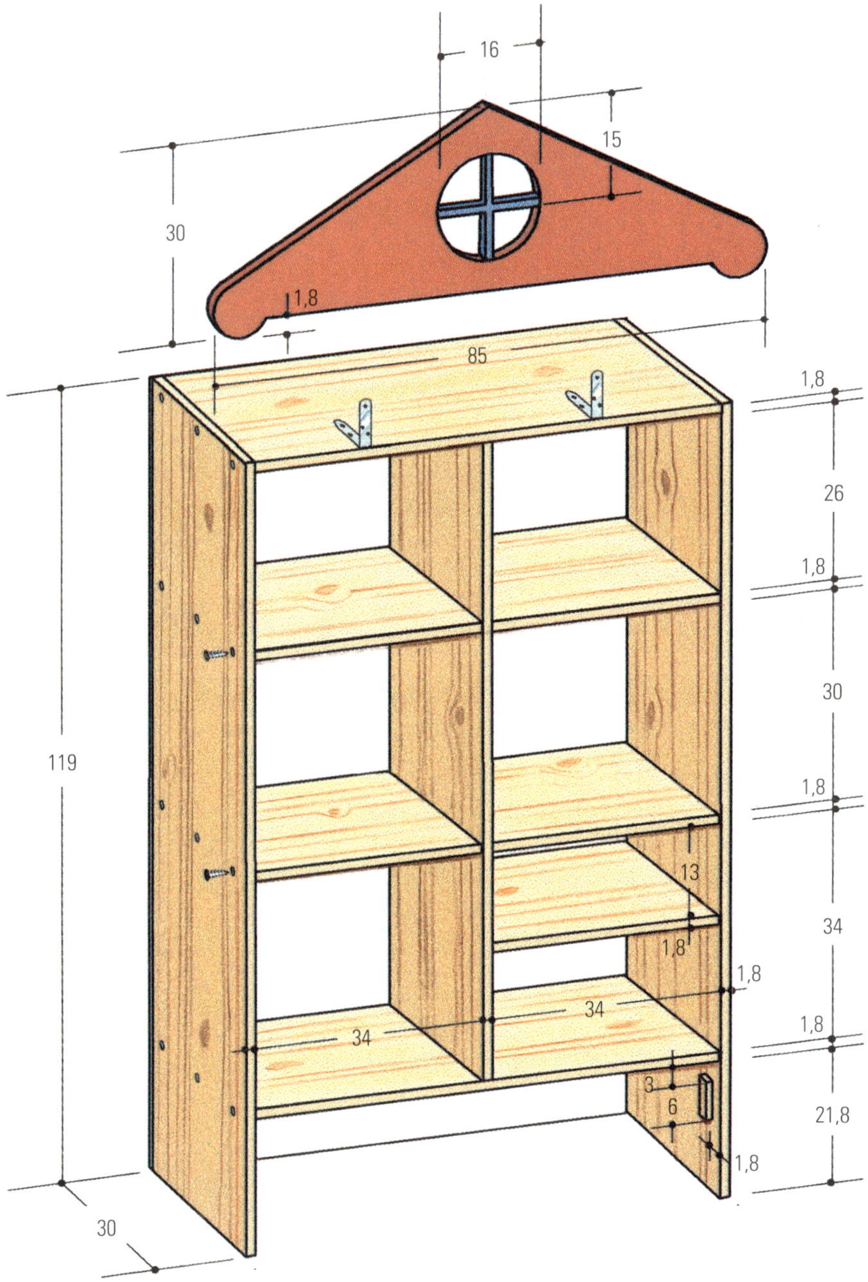

Ein Haus für Bücher und Leseratten, mit einer großen Schublade, die eingeschoben beim Spielen nicht stört, und die, herausgezogen und mit aufgelegten Kissen, zur Sitzbank werden kann. Da kann man sich gleich an Ort und Stelle hinsetzen, um in diesem oder jenem Buch zu stöbern. Man kann aber auch aufsteigen, um an das „höhere Wissen“ in den oberen Etagen zu gelangen. Deshalb hat die Schublade auch eine kleine „Stoppleiste“. So kann sie nicht unbeabsichtigt ganz herausgezogen werden. Ach ja, und die Regalfächer sind in verschiedenen Höhen angeordnet, damit man verschieden hohe Bücher unterbringen kann.

Grundmaterial sind Leimholzbretter; 1,8 cm dick und 30 cm breit.

So wird's gemacht

Man sieht es schon an den drei Materiallisten: Dies ist ein recht umfangreiches, aber, bis auf die Schubkästen, leicht zu bauendes Objekt. Wegen der vielen Bauteile gilt es indes, die Übersicht zu bewahren und planvoll, Schritt für Schritt, vorzugehen.

Alle Teile stumpf zusammensetzen, dann verleimen und durchschrauben.

Vorbereitung Das Baumaterial ist überwiegend 18 mm dickes Leimholz. Für den Korpus werden die Leimholzbretter nur abgelängt. Für Sockel- und Schubkasten werden die Leimholzplatten auch in der Breite beschnitten.

Wer über eine Tischkreissäge verfügt, kann den Zuschnitt selber machen. Die Formschnitte (Dach, Grifföffnungen) macht man in jedem Falle mit der Stichsäge.

Zusammenbau des Bücherhauses Das Bücherhaus ist ein einfaches Regal mit einer Mittelwand und vier Einlegeböden. Alle Teile werden miteinander verleimt und verschraubt. Bei der Verbindung Mittelwand/Einlegeböden kann nicht immer geschraubt werden, weil die Böden auf gleicher Höhe liegen. Hier können kleine Winkel eingeschraubt werden. Zum Schluß müssen Sie noch die Rückwand festschrauben. Der Einlegeboden unter dem Schub-

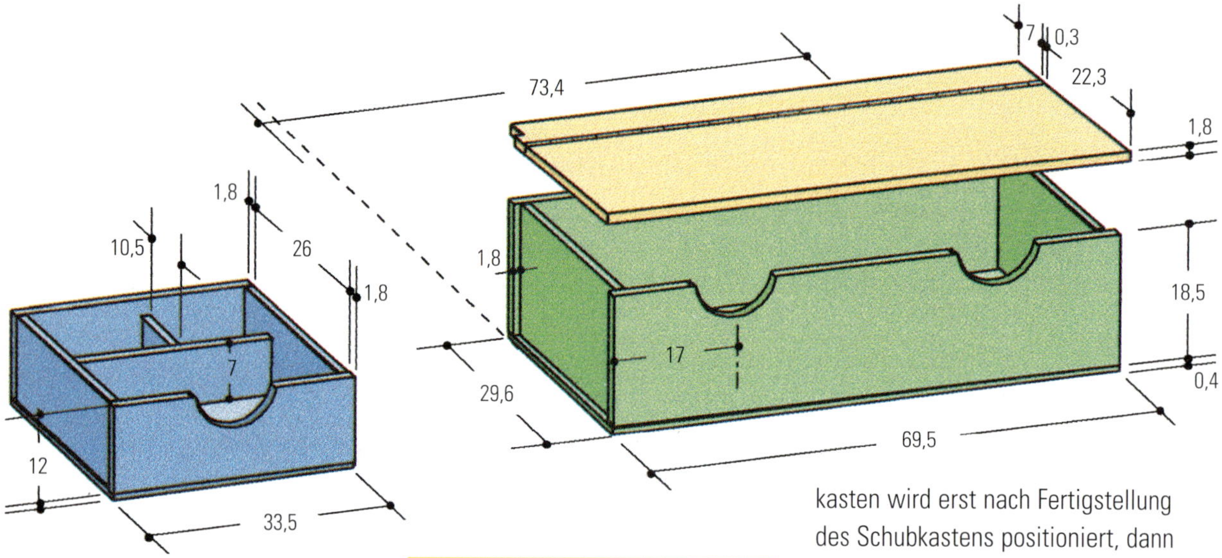

kasten wird erst nach Fertigstellung des Schubkastens positioniert, dann geleimt und durchgeschraubt.
Den Dachgiebel schneidet man mit der Stichsäge zu und leimt dann das Sprossenkreuz in den Kreisausschnitt. Der fertige Giebel wird mit den zwei Konsolen auf dem Oberboden festgeschraubt.

Der kleine Schubkasten hat eine T-förmige Fachunterteilung.

Nach dem Zusammenbau die Schraublöcher verkitten und dann alle Flächen gut verschleifen.

Zusammenbau des Sockelkastens Die halbrunden Griffausschnitte an der Front werden mit der Stichsäge ausgesägt. Wenn Front, Seite, Rückwand und Boden zusammengeleimt und geschraubt sind, wird der Deckel gebaut. Zunächst sägt man hinten links und rechts die Ausschnitte für die Stoppleisten.
Jetzt das Klavierband an Deckel und Deckelstreifen schrauben. Die Klappe wird auf dem Sockelkasten ausgerichtet, der Deckelstreifen auf den Kasten geleimt und geschraubt.
Jetzt werden die Stoppleisten innen auf die Regalseiten geschraubt und danach das Regal schräg von oben so in den Sockel eingesetzt, daß die Stopperleisten durch die Öffnung im Deckelstreifen gleiten.

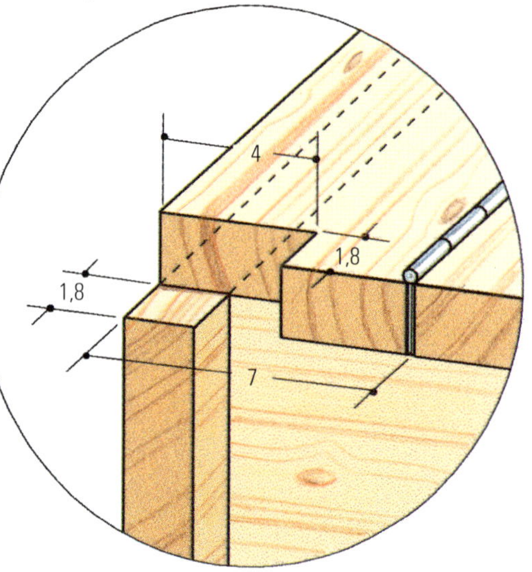

Das Regal wird von hinten schräg in die Nut am Schubkasten eingesetzt.

Giebel und Korpus mit Winkeln verbinden, Bücherhaus an der Wand mit Winkeln sichern.

Zusammenbau des Schubkastens Das geht ganz rasch, denn es brauchen – wie beim Sokkelkasten – nur Seiten, Boden, Front und Rückwand zusammengeleimt und geschraubt werden.

Fertigstellung Abschließend werden alle versenkten Schraubenköpfe mit einer Mischung aus Leim und Schleifstaub verkittet, und alle Kanten der fertigen Bauteile mit Schleifpapier gut gerundet und ganz nach Wunsch lackiert und gewachst.

Bezeichnung	Stück	Material	Format
Seite	2	Leimholz 18 mm	30 x 119 cm
Mittelwand	1	Leimholz 18 mm	30 x 93,6 cm
Boden	2	Leimholz 18 mm	30 x 69,8 cm
Einlegeboden	5	Leimholz 18 mm	30 x 34 cm
Dachgiebel	1	Leimholz 18 mm	30 x 85 cm
Rückwand	1	Hartfaser weiß beschichtet	73 x 118 cm
Stoppleiste	2	10 x 20 mm	6 cm
Fensterkreuzleiste	2	5 x 18 mm	16 cm

Außerdem: 2 Konsolen 10 x 12,5 cm, Leim, Acryllack, Schleifpapier

Sockelkasten

Bezeichnung	Stück	Material	Format
Front	1	Leimholz 18 mm	18,5 x 69,5 cm
Rückwand	1	Leimholz 18 mm	18,5 x 69,5 cm
Seite	2	Leimholz 18 mm	18,5 x 26 cm
Deckelklappe	1	Leimholz 18 mm	22,3 x 69,5 cm
Deckelstreifen	1	Leimholz 18 mm	7 x 69,5 cm
Boden	1	Hartfaser 4 mm, weiß besch.	29 x 69 cm

Außerdem: Klavierband 32 mm breit, 69 cm lang, Leim, Schleifpapier, Holzwachs, Acryllack

Schubkasten

Bezeichnung	Stück	Material	Format
Rückwand	1	Leimholz 18 mm	12 x 33,5 cm
Front	1	Leimholz 18 mm	12 x 33,5 cm
Seite	2	Leimholz 18 mm	12 x 26 cm
Boden	1	Hartfaser 4 mm, weiß besch.	29 x 33 cm
Innenteilung	1	Leimholz 18 mm	7 x 29,9 cm
Innenteilung	1	Leimholz 18 mm	7 x 10,5 cm

Außerdem: Leim, Acryllack, Schleifpapier

Hausregal

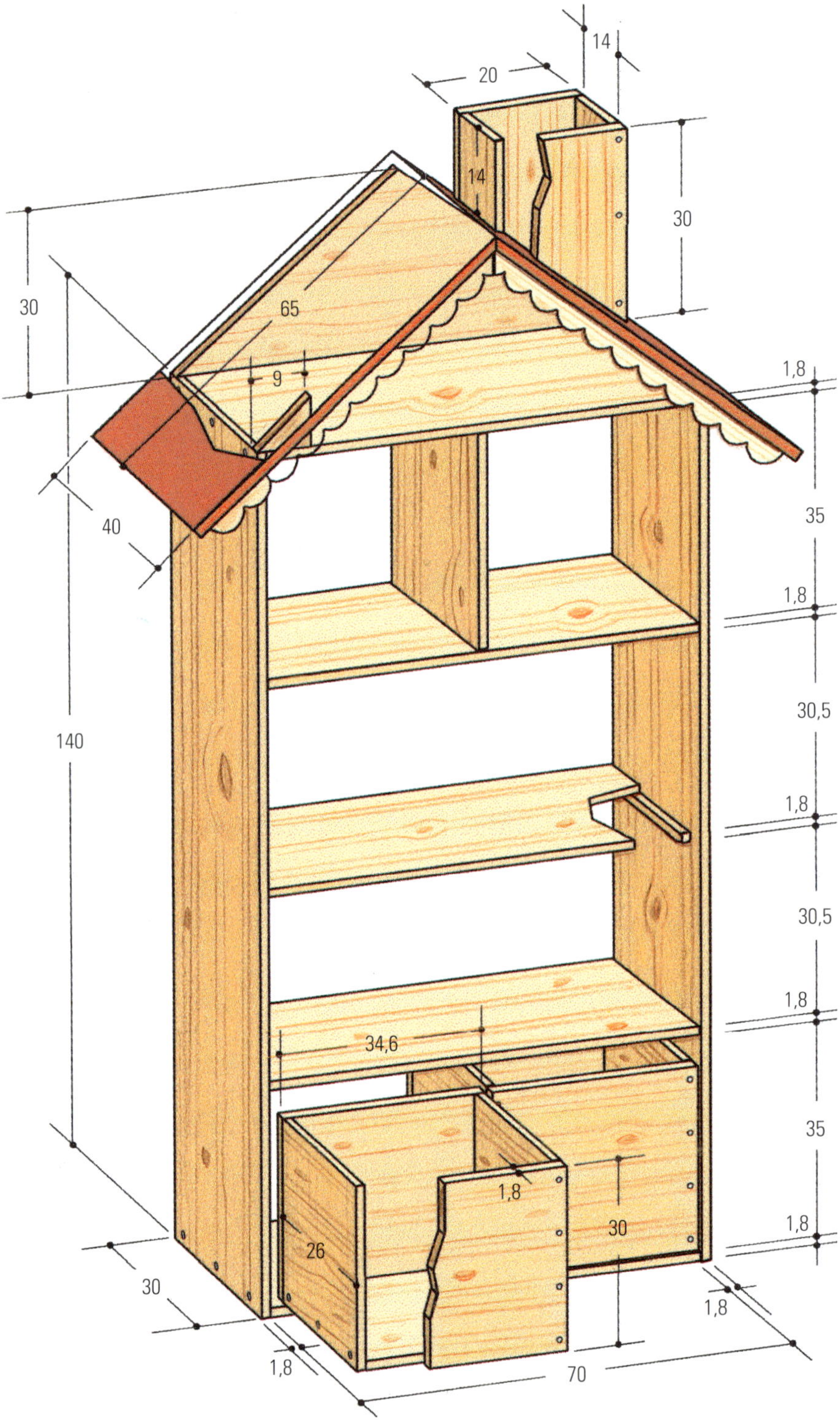

Drei Etagen, dazu Boden, Keller und ein mächtiger Schornstein – ein so großzügiges Haus für Teddys, Spiele, bunte Bücher und Krimskrams hätte wohl jedes Kind gern. Und dann, ha! Einmal Hausherrin sein, die Hausordnung selber bestimmen – und das nach dem ganz privaten Ordnungsprinzip.

So wird's gemacht

Bis auf das Dach mit seinen wellenförmig geschnittenen Giebelzierleisten und dem Schornstein handelt es sich bei dem Bücherhaus um eine einfache Regalkonstruktion. Baumaterial ist wieder 18 mm dickes Leimholz.

Sehr wichtig Damit das schöne Haus nicht umstürzt, wenn jemand ihm aufs Dach steigt (was in Kinderzimmern zuweilen vorkommt), schrauben Sie oben links und rechts von innen an die Seiten kräftige Stuhlwinkel (Schenkellänge etwa 3 cm), die dann an die Wand gedübelt und geschraubt werden. Auch das Dach wird am Oberboden, Giebelrückwand hinten und den Giebelecken vorn festgeschraubt.

Zuschnitt Das Grundmaß von Böden und Seiten ist eine Breite bzw. Tiefe von 30 cm. Lassen Sie

Die Fachböden werden durch die Tragleisten an die Regalseiten geschraubt.

Die Giebelzierleisten unter die Dachhälften leimen und schrauben.

Die Schubkästen werden stumpf zusammengeleimt und verschraubt.

Dreieckswinkel und Giebelrückwand halten das Dach zusammen.

alle geraden, rechtwinkeligen Schnitte gleich beim Kauf im Baumarkt machen, dann bleiben Ihnen nur noch die Formschnitte von Schornstein, Giebelrückwand, Giebelecken, Giebelzierleisten und der Gehrungsschnitt der Dachhälften.

Zusammenbau des Korpus Legen Sie beide Seiten nebeneinander, und reißen Sie dann die Position der Tragleisten an. Die Tragleisten werden auf die Seiten geleimt und geschraubt. Die Seiten, Oberboden und Unterboden werden zusammengepaßt, geleimt und durch die Seiten in die Stirnkanten der Böden geschraubt. Jetzt werden die Zwischenböden eingelegt und auf die Tragleisten verschraubt. Dann wird im oberen Fach die Mitte eingeleimt und durchgeschraubt. Ganz zum Schluß legen Sie die Rückwand auf und schrauben sie fest.

Zusammenbau des Dachs Die oberen Schnittkanten der Giebelhälften werden auf Gehrung 45° zugeschnitten. Dazu die Sohle der Stichsäge auf 45° schwenken und feststellen. Sie können die Teile aber auch rechtwinklig zuschneiden und dann die Gehrung mit einer Holzraspel ausarbeiten. Die Dachflächen werden mit der Giebelrückwand verleimt und verschraubt. Dann werden die drei Giebelecken angeleimt und angeschraubt. Die Giebelzierleisten werden um eine Materialstärke nach innen versetzt angebracht. Dann wird der Schornstein zusammengebaut und mit dem Dach verschraubt.

Zusammenbauen der Schubkästen Die vier Teile werden zusammengeleimt und verschraubt. Setzen Sie sodann den Boden von unten ein, leimen und verschrauben ihn.

Fertigstellung Alle Kanten werden mit Schleifpapier gerundet, dann die bunten Teile lackiert und die naturbelassenen gewachst.

Dach mit montiertem Schornstein aufsetzen und mit dem Oberboden verschrauben.

HAUSREGAL

Bezeichnung	**Stück**	**Material**	**Format**
Seite	2	Leimholz 18 mm	30 x 140 cm
Mittelseite	1	Leimholz 18 mm	30 x 35 cm
Oberboden	1	Leimholz 18 mm	30 x 70 cm
Unterboden	1	Leimholz 18 mm	30 x 70 cm
Einlegeboden	3	Leimholz 18 mm	30 x 70 cm
Rückwand	1	Hartfaser 4 mm, weiß besch.	73 x 139,5 cm
Dach	2	Leimholz 18 mm	40 x 65 cm
Giebelrückwand	1	Leimholz 18 mm	30 x 73,6 cm
Giebelecken vorn	3	Leimholz 18 mm	9 x 9 cm
Giebelzierleisten	2	Leimholz 18 mm (Reste)	65 x 4 cm
Schornstein vorn/hinten	2	Leimholz 18 mm	30 x 20 cm
Schornstein links	1	Leimholz 18 mm	14 x 14 cm
Schornstein rechts	1	Leimholz 18mm	30 x 14 cm
Tragleiste	6	14 x 20 mm	29 cm

Außerdem: Leim, Schleifpapier, Holzwachs, Acryllack

SCHUBKASTEN (2 Stk.)

Bezeichnung	**Stück**	**Material**	**Format**
Front/Rückwand	4	Leimholz 18 mm	30 x 34,6 cm
Seite	4	Leimholz 18 mm	30 x 26 cm
Boden	2	Leimholz 18 mm	26 x 31 cm

Außerdem: Leim, Schleifpapier, Acryllack

Grundmaterial sind Streifen aus 10 mm dickem Sperrholz und Holzleisten für das Dachgestänge.

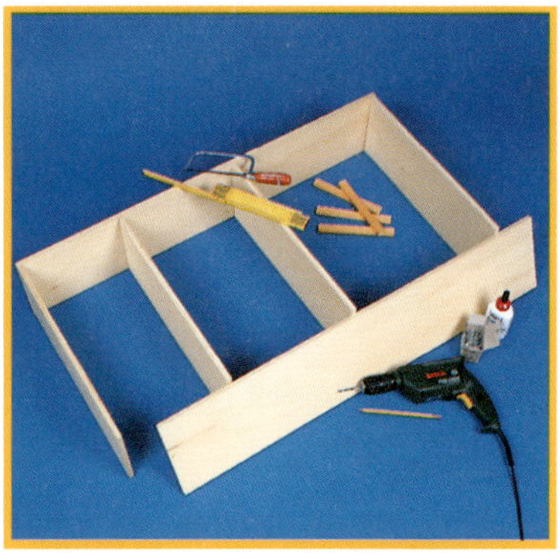

Tresenregal mit Hilfe der Eckleisten verbinden.

Der bunte Kaufmannsladen ist ein Tante-Emma-Laden. So etwas gibt es heutzutage kaum mehr: ringsum nur noch Kaufhäuser und Supermärkte. Aber hier, bei der kleinen Tante Emma, da wird noch gewogen, gemessen, gezählt und gerechnet wie in alten Tagen. Kassiert natürlich auch, so richtig mit wechseln und rausgeben, wie im richtigen Leben.

Bunte Schubladen. Blaue Holzknöpfe werden von hinten her angeschraubt.

Der Schubkasten wird durch die Taschenablage gestoppt.

Geschäftslage Der Kaufmannsladen ist mit einer Grundfläche von 90 cm x 100 cm und einer Höhe 135 cm ein recht großes Objekt, das von der Grundfläche und auch visuell viel Raum im Kinderzimmer beansprucht. Schließlich muß drumherum ausreichend Freiraum sein, damit die Kunden sich auch bewegen können. Weil im Kinderzimmer auch noch Bett, Tisch und Stühle, Schrank und Regale untergebracht werden müssen, kann es manchmal sinnvoll sein, den Kaufmannsladen in einem anderen Raum aufzustellen. Er kann sogar im Wohnraum stehen, etwa wie dieser Kaufladen, der nun schon seit 10 Jahren dort steht.

So wird's gemacht

Wand- und Tresenregal sind die wesentlichen Baugruppen des Kaufladens, sie werden mit Pfosten und Dach verbunden. Wegen der vielen Einzelteile gilt es, Schritt für Schritt vorzugehen. Beginnen Sie mit dem Wandregal, dann folgen das Tresenregal und der Dachaufbau. Die

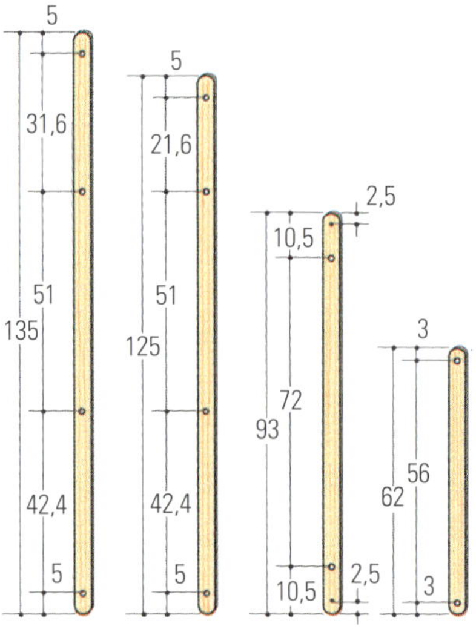

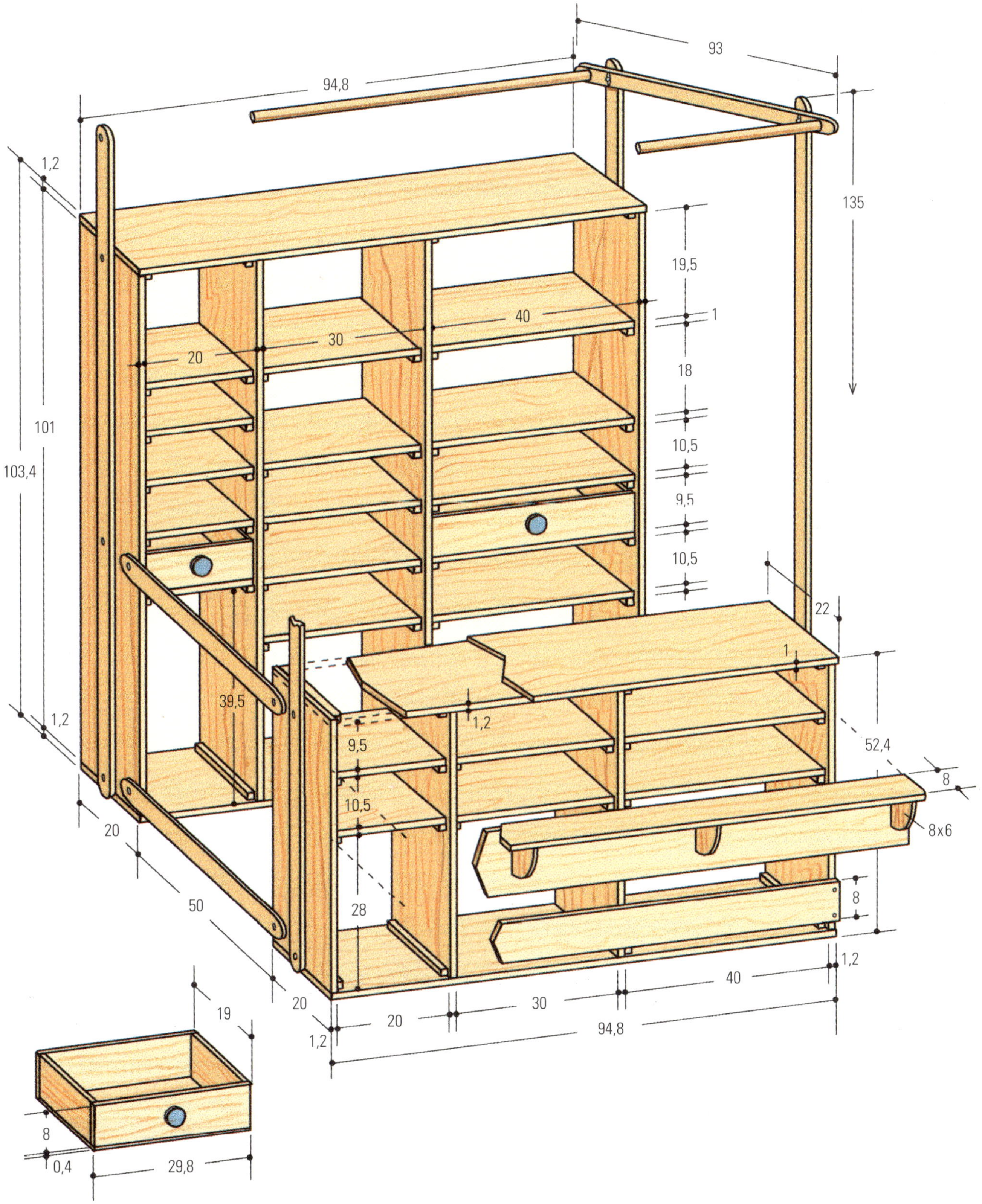
93
94,8
135
1,2
19,5
40
1
30
20
18
101
103,4
10,5
9,5
10,5
22
1
39,5
1,2
1,2
9,5
52,4
10,5
8
8
8x6
20
50
28
8
1,2
40
30
20
20
94,8
1,2
19
8
0,4
29,8

WANDREGAL

Bezeichnung	Stück	Material	Format
Außenseite	2	Sperrholz 12 mm	101 x 20 cm
Mittlere Seite	2	Sperrholz 12 mm	101 x 20 cm
Oberboden	1	Sperrholz 12 mm	94,8 x 20 cm
Unterboden	1	Sperrholz 12 mm	94,8 x 20 cm
Bord, klein	5	Sperrholz 10 mm	20 x 19 cm
Bord, mittel	5	Sperrholz 10 mm	30 x 19 cm
Bord, groß	5	Sperrholz 10 mm	40 x 19 cm
Rückwand	1	Hartfaser 4 mm, weiß besch.	94,5 x 103 cm
Eckleiste	8	10 x 20 mm	19 cm
Bodenträgerleiste	30	10 x 15 mm	19 cm

TRESENREGAL

Bezeichnung	Stück	Material	Format
Außenseite	2	Sperrholz 12 mm	50 x 20 cm
Mittlere Seite	2	Sperrholz 12 mm	50 x 20 cm
Oberboden	1	Sperrholz 12 mm	94,8 x 20 cm
Unterboden	1	Sperrholz 12 mm	94,8 x 20 cm
Bord, klein	2	Sperrholz 10 mm	20 x 19 cm
Bord, mittel	2	Sperrholz 10 mm	30 x 19 cm
Bord, groß	2	Sperrholz 10 mm	40 x 19 cm
Eckleiste	8	1 x 2 cm	19 cm
Bodenträgerleiste	12	1 x 1,5 cm	22 cm
Theke	1	Sperrholz 10 mm	94,8 x19 cm
Blende oben	1	Sperrholz 10 mm	94,8 x 12 cm
Taschenablage	1	Sperrholz 10 mm	94,8 x 8 cm
Stütze	4	Sperrholz 10 mm	8 x 6 cm
Blende unten	1	Sperrholz 10 mm	94,8 x 8 cm

SCHUBKASTEN (4 Stk.)

Bezeichnung	Stück	Material	Format
Front/Rückwand, klein	2	Sperrholz 8 mm	19,8 x 8 cm
Front/Rückwand, mittel	4	Sperrholz 8 mm	29,8 x 8 cm
Front/Rückwand, groß	2	Sperrholz 8 mm	39,8 x 8 cm
Seite	8	Sperrholz 8 mm	17,4 x 8 cm
Boden, klein	1	Sperrholz 4 mm	19,8 x 19 cm
Boden, mittel	2	Sperrholz 4 mm	29,8 x 19 cm
Boden, groß	1	Sperrholz 4 mm	39,8 x 19 cm

Außerdem: 4 Querholzscheiben 10 mm dick, ∅ 3,5 cm, Leim, Schleifpapier, Acryllack

VERBINDUNG UND DACH

Bezeichnung	Stück	Material	Format
Pfosten hinten	2	1,4 x 4 cm	125 cm
Pfosten vorn	2	1,4 x 4 cm	135 cm
Verbindung Seite links	2	1,4 x 4 cm	62 cm
Verbindung Dach	2	1,4 x 4 cm	93 cm
Rundholz Dach	2	∅ 20 mm	92 cm
Markise	1	Markisenstoff	ca. 140 x 92 cm

Außerdem: 18 Schloßschrauben M 6 x 40 mm, 36 Unterlegscheiben M 6, 18 Flügelmuttern M 6, Schleifpapier, Acryllack

Schubkästen passen sowohl für das Wand- wie auch für das Tresenregal.

Vorbereitung Ein so großes Bauvorhaben muß man gut organisieren: Errechnen Sie anhand der Materiallisten den Materialbedarf, und berücksichtigen Sie, daß es eventuell kostengünstiger sein kann, wenn Sie statt der genauen Menge eine Sperrholzplatte im Stück kaufen. Das Restmaterial ist dann schon der Grundstock für andere Bauvorhaben.

Zuschnitt Weil das Hauptbaumaterial Sperrholz ist, brauchen Sie beim Zuschnitt der Platten keine Rücksicht auf den Verlauf der Maserung zu nehmen. Berücksichtigen Sie jedoch beim Anreißen der Schnittlinien die Schnittbreite des Sägeblattes, sonst werden die Teile zu klein.

Zusammenbau des Wandregals Legen Sie die zwei Außenseiten und die zwei mittleren Seiten nebeneinander aus, und reißen Sie dann die Positionen aller Bodenträgerleisten an. Achtung: Markieren Sie die mittleren Seiten durch Umdrehen beidseitig. Die Eckleisten (10 x 20 mm) werden mit der schmalen Kante bündig auf die vier Seiten geleimt (je Seite zwei Leisten) und gestiftet. Passen Sie die zwei Außenseiten, Ober- und Unterböden zusammen, und schrauben Sie sie durch die Eckleisten fest (vorbohren). Jetzt werden die beiden mittleren Seiten eingesetzt, geleimt und festgeschraubt.

Anschließend werden an alle Zwischenböden die Trägerleisten (10 x 15 mm) geleimt und gestiftet und ins Regal eingeschraubt (vorbohren). Zum Schluß schrauben Sie die Rückwand von hinten auf das Regal.

Zusammenbau des Tresenregals
Die Grundkonstruktion des Tresenregals entspricht dem Wandregal, der Zusammenbau ist also gleich. Zusätzlich angebaut werden Thekenplatte, Taschenablage und vorgesetzte Blenden. Die Thekenplatte wird so auf den Oberboden des Thekenregals gelegt, das sie vorn und hinten um 1 cm übersteht. Dann wird sie an sechs Punkten mit dem Thekenregal verschraubt.
Jetzt wird die Taschenablage angefertigt und vor das Tresenregal gesetzt und mit den äußeren und mittleren Seiten verschraubt. Zum Schluß setzen Sie die untere Blende vor und schrauben sie fest.

Zusammenbau der Schubladen
Die Schubladen werden geleimt und gestiftet, dann wird der Boden ebenso untergeleimt. Die Schubkästen werden von unten mit zwei Filzstreifen beklebt – sie rutschen so dann besser.

Dekoration Alle Kanten werden mit Schleifpapier gut gerundet und zunächst die Schnittkanten aller Sperrholzplatten mit verdünntem Acryllack vorgestrichen, weil hier die Farbe viel tiefer einzieht als auf den Flächen. Nach dem Trocknen können dann alle Teile des Kaufladens nach Geschmack und Wunsch der Geschäftsführung lackiert werden.
Zum Schluß werden die Knöpfe aufgeleimt oder geklebt.

Aufbauen des Ladens Das Dach kann – ganz nach Wunsch – mit einer Neigung nach vorn oder nach hinten angebaut werden: Sie brauchen nichts anderes zu tun, als die kurzen und langen Pfosten entsprechend zu montieren. Damit die Bohrungen paßgenau werden, fixieren Sie die Pfosten nach dem Anzeichnen der Bohrungen positionsrichtig mit Schraubzwingen an den Regalseiten und durchbohren dann Pfosten und Regalseite mit dem 6,5 mm-Bohrer. Ebenso verfahren Sie mit den Seitenverbindungen und den Dachverbindungen. Wenn in den Dachverbindungen und in den Rundhölzern ebenfalls die Positionen der Holzschrauben vorgebohrt sind, kann der Laden aufgebaut werden. Legen Sie die Pfosten an, und stecken Sie die Schloßschrauben immer von außen durch, und drehen Sie die Flügelmuttern, immer zusammen mit einer Unterlegscheibe, auf. Die Dachverbindungen werden ebenso eingesetzt. Zum Schluß wird die Markise zugeschnitten und mit Klettband befestigt.

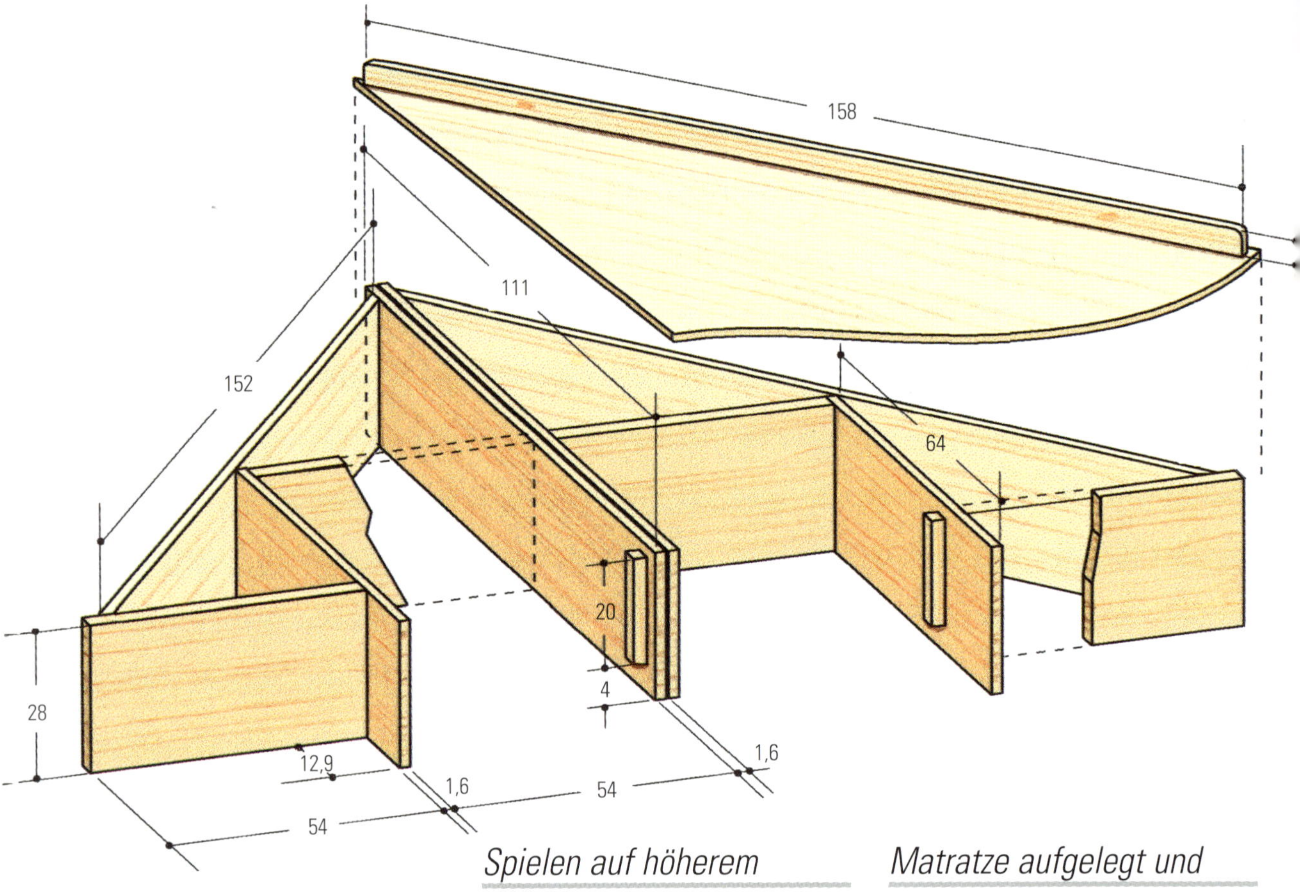

Spielen auf höherem Niveau ist angesagt, ganz konkret 29,6 cm über dem Fußboden. Da kann man gar keinen Höhenkoller bekommen. Es spart Platz, denn in den Rollkästen darunter läßt sich viel Krimskrams unterbringen. In den Höhlen ist auch noch Platz für kleine Höhlenforscher. Und wenn einmal Besuch kommt, wird einfach eine Matratze aufgelegt und fertig ist das Nachtlager. Tja, Papa ist eben doch ein praktischer Mensch und ihm fällt immer noch ein Extra ein: etwa die beiden Rolltabletts mit der Stifteleiste, damit man gleich losmalen kann.

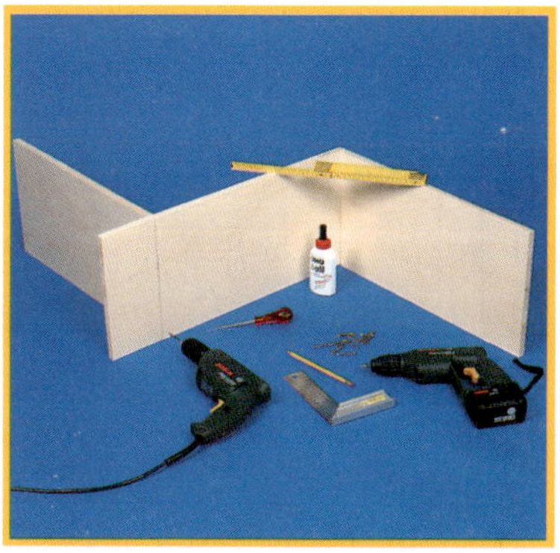

Die Unterkonstruktion mit dem Winkel ausrichten, dann leimen und durchschrauben.

So wird's gemacht

Schwer zu bauen ist das Podest wirklich nicht, es ist einfach nur groß. Das muß auch so sein, sonst wäre die Spielfläche zu klein. Aber es ist zweigeteilt und paßt in die Ecke, wie zwei Tortenstücke. Die Materialliste für den Sockel bezieht sich – bis auf die Bodenplatte – auf nur eine Hälfte. Sie müssen also das Material entsprechend verdoppeln. Beide Hälften sind baugleich, sie werden aber spiegelverkehrt zueinander gebaut.

Vorbereitung Wenn das Zimmer eine Fußleiste hat, müssen das vordere Sockelquerstück und die lange Sockelseite entsprechend ausgeklinkt werden, oder man läßt die Bodenplatte nach hinten überstehen. Überprüfen Sie auch den Winkel der Raumecke.

Zuschnitt Lassen Sie am besten alle geraden Schnitte gleich beim Kauf machen. Bei allen Sockelbrettern und Schubkästen soll die Stäbchenlage der Tischlerplatte parallel zum längeren Maß verlaufen, bei der Bodenplatte zum kürzeren Maß. Für den diagonalen Trennschnitt (Stichsäge) markieren Sie auf beiden Seiten der Platte jeweils 162 cm von der Kante die Endpunkte. Die geschwungene Form wird entsprechend der Zeichnung übertragen und dann mit der Stichsäge zugeschnitten. Die fertig geschnittene Platte ist dann die Schablone für die zweite Hälfte.

Zusammenbau Schrauben und Leimen Sie zunächst die Stoppleisten für den Schubkasten auf die entsprechenden Sockelseiten (lange Sockelseite und kurze Sockelseite). Leimen und schrauben Sie das Sockelquerstück vorn, die kurze Sockelseite und das Sockelquerstück hinten zu einem Z-förmigen Gebilde zusammen, und setzen Sie dann in gleicher Weise die lange Sockelseite T-förmig dagegen. Zum Schluß wird die äußere Sockelseite (die mit den schräg geschnittenen Kanten) eingepaßt und ebenfalls geleimt und ge-

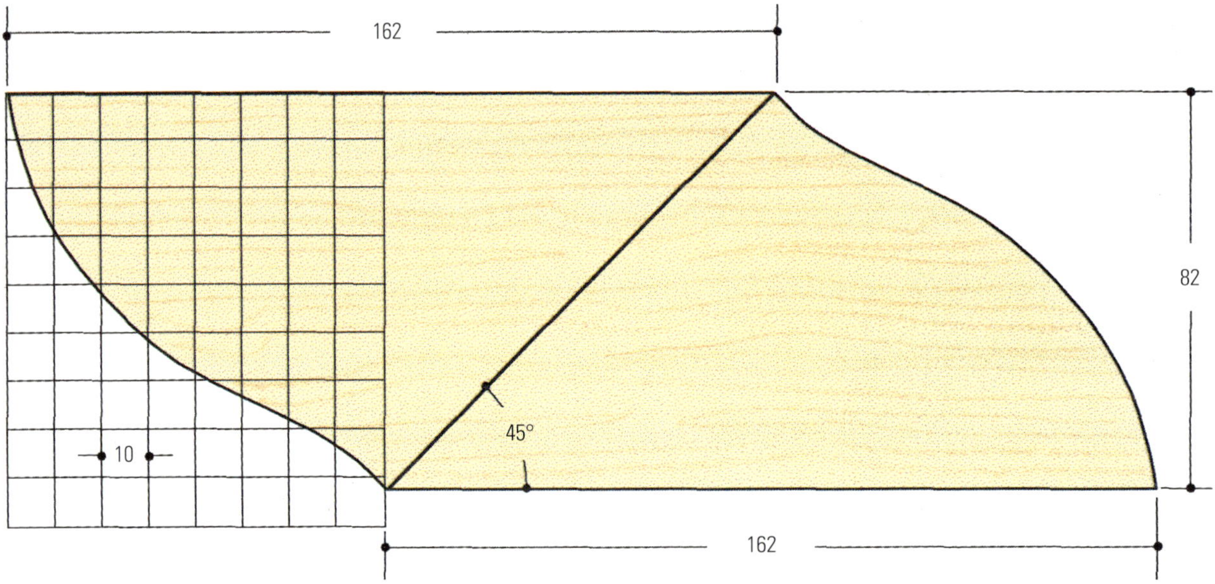

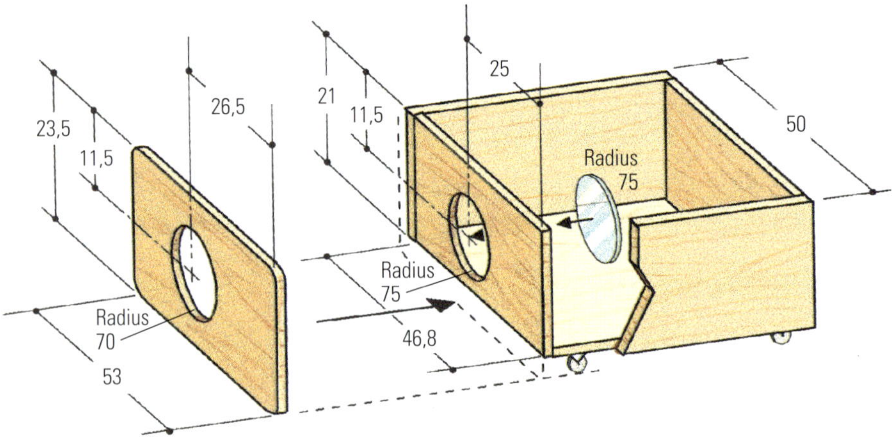

schraubt. Jetzt leimen und schrauben Sie die Randleisten auf die Bodenplatte. Die beiden Unterkonstruktionen werden jetzt zusammengeschoben und verschraubt.

Wenn sowohl Unterbau als auch Boden lackiert sind, legen Sie den Boden auf und verbinden die Teile mit Stuhlwinkeln.

Scharfe Kanten an den Stuhlwinkeln vorher mit einer Eisenfeile entschärfen.

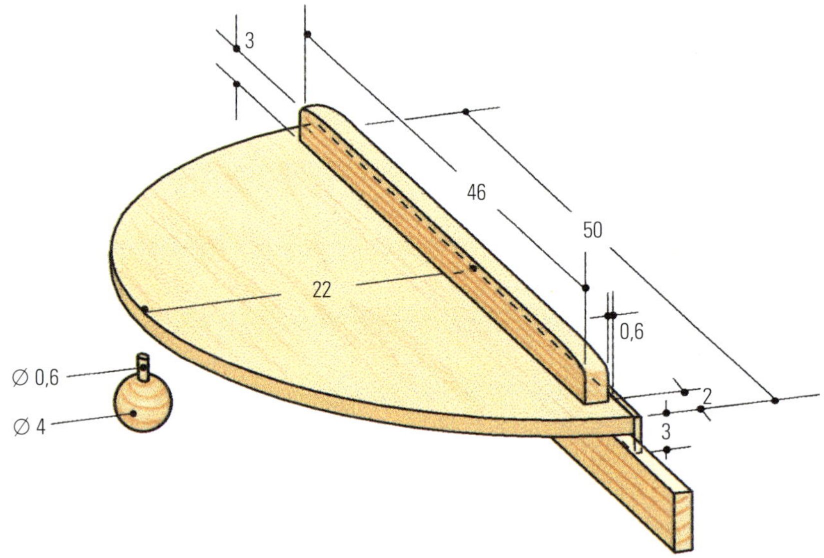

Zusammenbau der Schubkästen

Zunächst werden in der Schubladenfront und in der Aufdoppelung die Kreisausschnitte für die Acrylglasscheibe ausgesägt: Die Scheibe wird später von hinten eingelegt und mit Silikonkleber festgeklebt. Die Schubkästen werden geleimt und verschraubt. Dann wird die Aufdoppelung vorgesetzt, und die Kastenrollen werden untergeschraubt.

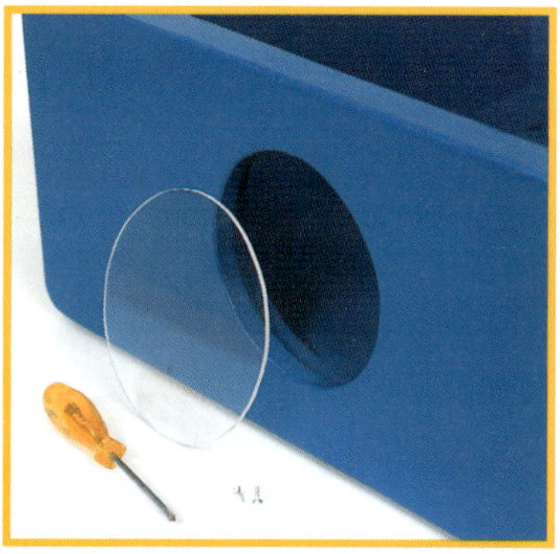

Ein Bullauge gibt Einblick in den Kasten.

Die Tabletts greifen hinter die Randleiste und liegen auf der Kugel auf.

Tablett bauen Die Tabletts werden aus einem Reststück Tischlerplatte ausgesägt, die Stifteleiste wird an beiden Enden gerundet, dann auf das Tablett geleimt und verschraubt. Für die Stifte bohren Sie alle 3 cm ein Loch. Jetzt leimen und stiften Sie den Sperrholzstreifen so auf die Hinterkante des Tabletts, daß er nach unten übersteht. So kann er hinter die Sockelrandleiste greifen, und das Tablett kann weder kippen noch verrutschen. Bohren Sie in die Holzkugel ein etwa 2,5 cm tiefes Loch von ∅ 6 mm und in die Unterseite des Tabletts mit 3 cm Abstand zur Vorderkante ein Loch von 1,2 cm Tiefe. Dann leimen Sie einen 3 cm langen 6 mm-Holzdübel in die Holzkugel, mit dem die Kugel später unter das Tablett gesteckt und geleimt wird. Ein kleines Filzplättchen unter der Kugel läßt das Tablett besser gleiten.

SOCKEL (Angaben für eine Hälfte)

Bezeichnung	Stück	Material	Format
Sockelseite, lang	1	Tischlerplatte 16 mm	111 x 28 cm
Sockelseite, kurz	1	Tischlerplatte 16 mm	152 x 28 cm
Seite Außenbrett	1	Tischlerplatte 16 mm	64 x 28 cm
Sockelquerstück, hinten	1	Tischlerplatte 16 mm	54 x 28 cm
Sockelquerstück, vorn	1	Tischlerplatte 16 mm	54 x 28 cm
Stoppleiste	2	2 x 2 cm	20 cm
Boden (für beide Hälften)	1	Tischlerplatte 1,6 cm	250 x 82 cm
Randleiste	1	1,6 x 4 cm	158 cm

Außerdem: Stuhlwinkel 3 x 3 cm, Leim, Schleifpapier, Acryllack

SCHUBKASTEN (2 Stk.)

Bezeichnung	Stück	Material	Format
Front/Rückwand	4	Tischlerplatte 16 mm	46,8 cm x 21 cm
Seite	4	Tischlerplatte 16 mm	45 x 21 cm
Boden	2	Tischlerplatte 16 mm	46,8 x 41,8 cm
Aufdoppelung	2	Tischlerplatte 16 mm	53 x 23,5 cm
Scheibe	2	Acrylglas 3 mm	∅ 15 cm

Außerdem: Kastenrollen Höhe ca. 3 cm, Leim, Schleifpapier, Acryllack

TABLETT (2 Stk.)

Bezeichnung	Stück	Material	Format
Boden	2	Tischlerplatte 16 mm	50 x 22 cm
Stifteleiste	2	2 x 3 cm	46 cm
Streifen	2	Sperrholz 4 mm	50 x 3 cm
Holzkugel	2	Buche	∅ 4 cm

Außerdem: 2 Dübel (∅ 0,6 cm, Länge 3 cm), Leim, Schleifpapier, Acryllack

Leimholz-Kaufladen

Ha, das ist ein Laden! Grundsolide und aus so schönem, natürlichem Leimholz, da weiß man gar nicht, soll man jetzt den Apfel streicheln oder die schöne Tresenplatte? Ein richtiger Öko-Laden ist das, allein schon vom Baumaterial her und auch ein Praktischer. Er besteht aus drei baugleichen Elementen, die später als Regal verwendet werden können. Die Maße der einzelnen Fächer sind so angelegt, daß hier echte Kaufmannswaren hineinpassen. Wenn aus dem Laden ein Regal geworden ist, findet nicht nur Spielzeug, sondern auch große Bücher darin Platz.

Oben links:
Grundmaterial der Regalelemente sind 30 cm breite Leimholzplatten und 1,4 x 4 cm starke Leisten für das Dachgestänge.

Oben rechts:
Die Eckelemente bestehen jeweils aus drei Seiten und zwei kurzen Böden.

Mitte:
Durch zwei lange Böden werden je zwei Regalelemente verbunden und mit Stuhlwinkeln (ohne scharfe Kanten) befestigt.

Die Tresenplatte wird von oben aufgesetzt und verschraubt. Die Ecken gut runden.

Heute günstig
Äpfel kg 1,-

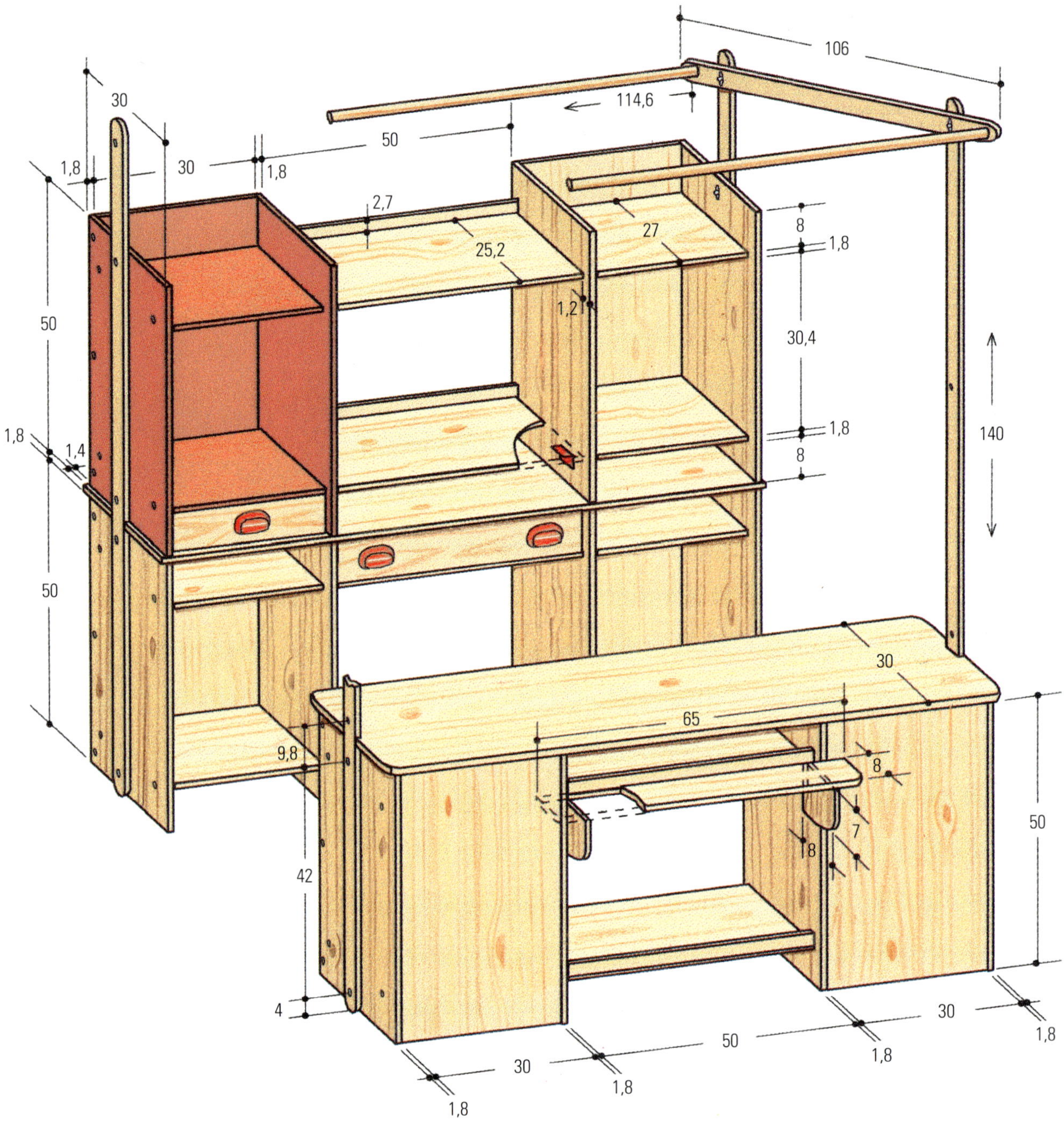
106
114,6
30
50
1,8
30
1,8
2,7
25,2
27
8
1,8
1,2
30,4
50
140
1,8
1,4
1,8
8
50
30
65
9,8
8
8
7
8
50
42
4
30
50
30
1,8
1,8
1,8
1,8

So wird's gemacht

Grundbausteine des Kaufladens sind die Eckelemente aus jeweils drei Seiten und zwei Böden. Immer zwei der Eckelemente werden durch Böden (50 cm) verbunden. Diese „Serienproduktion" erleichtert Zuschnitt und Zusammenbau.

Vorbereitung Weil alle drei Elemente baugleich sind, brauchen Sie die Einzelteile nicht Element für Element zu ordnen, sondern nur nach Funktion. Dann nehmen Sie die Einzelteile immer von oben herab, bauen zunächst die Eckelemente und fügen sie dann mit den Böden zusammen.

Zuschnitt Wenn Sie sich die Materialliste anschauen, dann ist das häufigste Grundmaß 30 cm. Allein 38 Teile sind in dieser Breite zuzuschneiden. Genau in dieser Breite gibt es unterschiedlich lange (von 80 cm bis 250 cm) Leimholzbretter, von denen dann nur noch abgelängt werden muß. Zum Schluß schneiden Sie die Teile mit den individuellen Breiten- und Längenmaßen zu.

Zusammenbau Beginnen Sie mit den Eckelementen: Jeweils drei Seiten und zwei kleine Böden werden zusammengeleimt und geschraubt. Die Schraublöcher in den Seiten werden vorgebohrt und aufgerieben, d. h. sie werden an der Außenseite

Die Trägerstangen für die Markise werden zwischen die Dachverbinder geschraubt.

Der Markisenstoff wird auf die genaue Breite zugeschnitten und mit Klettband befestigt.

Bezeichnung	Stück	Material	Format
Seite	18	Leimholz 18 mm	30 x 50 cm
Boden, kurz	12	Leimholz 18 mm	30 x 27 cm
Boden, mittel	6	Leimholz 18 mm	27 x 50 cm
Stoppleiste	6	Leimholz 18 mm	2,7 x 50 cm
Boden, lang	2	Leimholz 18 mm	30 x 120 cm
Taschenablage	1	Leimholz 18 mm	8 x 65 cm
Konsole	2	Leimholz 18 mm	8 x 7 cm
Pfosten, vorn	2	1,4 x 4 cm	140 cm
Pfosten, hinten	2	1,4 x 4 cm	125 cm
Verbindung Dach	2	1,4 x 4 cm	106 cm
Rundholz Dach	2	∅ 22 mm	114,6 cm

Außerdem: 12 Schloßschrauben M 6 x 40 mm, 12 Unterlegscheiben M 6, 12 Flügelmuttern M 6, Leim, Schleifpapier, Holzwachs, Markisenstoff, Klettband

Für die Dachverbindung: 4 Schloßschrauben M 6 x 35 mm, 4 U-Scheiben M 6, 4 Flügelmuttern M 6

SCHUBKÄSTEN (2 kleine und 2 große)

Bezeichnung	Stück	Material	Format
Front/Rückwand, groß	4	Leimholz 18 mm	49,8 x 7,5 cm
Seite	4	Leimholz 18 mm	21,4 x 7,5 cm
Boden, groß	2	Sperrholz 4 mm	49,8 x 25 cm
Front, klein	2	Leimholz 18 mm	29,8 x 7,5 cm
Rückwand, klein	2	Leimholz 18 mm	28 x 7,5 cm
Seite	4	Leimholz 18 mm	21,4 x 7,5 cm
Boden, klein	2	Sperrholz 4 mm	29,8 x 25 cm

Außerdem: 6 Griffe, Leim, Schleifpapier, Holzwachs,

Die Schubkästen werden aus Leimholz gebaut und die Sperrholzböden, 4 mm stark, werden unternagelt.

Die Taschenablage vor dem Tresen wird auf zwei Konsolen geschraubt.

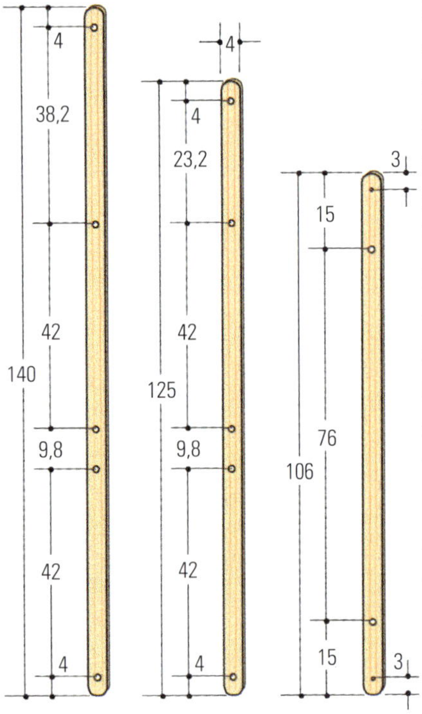

kraterförmig aufgerieben, so daß der Schraubkopf sichtbar bleibt, aber eben „versenkt" ist, damit sich niemand daran verletzen kann. Jetzt werden Seiten und Böden miteinander verleimt und zusammengeschraubt.

Verbunden werden die Eckelemente mit zwei Böden (50 cm), auf deren Außenkante zuvor die Stoppleisten geleimt und gestiftet wurden. Die Böden werden mit – weil sichtbar – schönen Regalträgerwinkeln befestigt. So kann man – bei einem Umzug etwa – den Laden wieder auseinanderbauen. Die Tresenplatte (Boden, lang) erhält links und rechts eine Aussparung. Zum Schluß wird die Taschenablage gebaut und festgeschraubt.

Fertigstellung Die beiden Wandelemente werden, mit einem langen Boden dazwischen, übereinander in Position gebracht und dann die Pfosten angesetzt. Jetzt bohren Sie durch Pfosten und Seiten die Löcher für die Schloßschrauben, stecken diese durch und ziehen sie mit Flügelmuttern (Unterlegscheiben nicht vergessen) fest. In gleicher Weise befestigen Sie auch die Pfosten am Tresenelement und fertigen dann ebenso die Dachverbindungen.
Jetzt fehlen nur noch die Rundhölzer. Sie werden eingepaßt, vorgebohrt und dann durch die Dachverbindungen festgeschraubt. Die Markise wird mit Klettband, das an die Markise genäht und auf die Rundhölzer geklebt wird, befestigt.

Die Bohrlöcher werden aufgerieben und die Schrauben versenkt eingedreht.

Die Pfosten werden positionsrichtig angelegt und dann in die Seite durchgebohrt.

Zusammenbauen der Schubkästen Es gibt zwei große und zwei kleine Schubkästen, wobei die äußeren Seiten der schmalen Schubkästen wegen der Flügelmuttern nach innen versetzt sind. Leimen Sie und stiften Sie die Seiten zwischen die Front- und Rückwand. Leimen Sie dann die Sperrholzböden unter, leimen und stiften Sie sie ebenfalls. Zum Schluß setzen Sie die Griffe an und schrauben diese fest. Die Schubladen gleiten übrigens besser, wenn die Unterseiten der Böden nicht lackiert werden.

Dekoration Den Kindern zuliebe und damit das schöne Holz so richtig zur Geltung kommt, sollten Sie alle Oberflächen mit natürlichen Produkten wachsen, lasieren oder lackieren. Auch bei natürlichen Wachsen gibt es neuerdings Produkte, die mit Wasser verdünnbar sind.

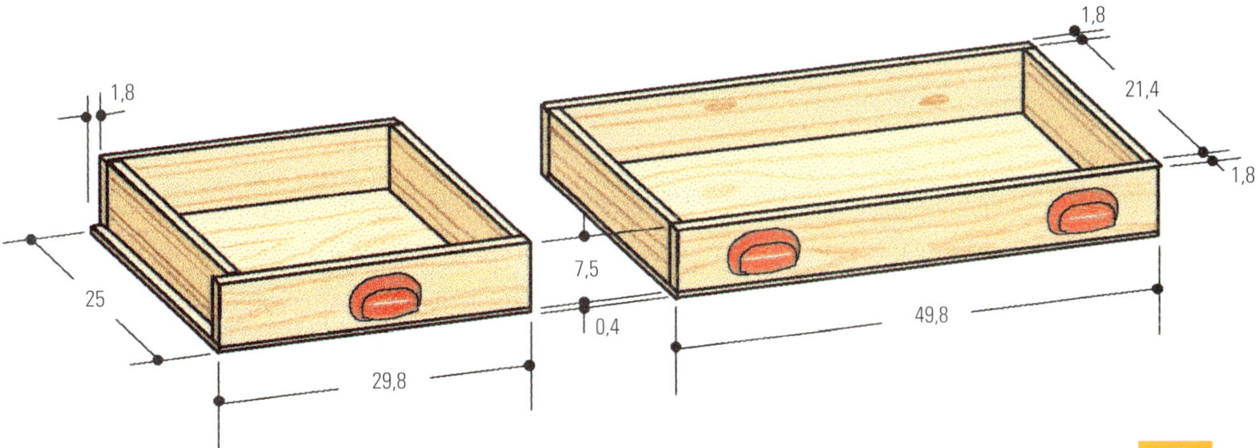

Etagenbett

Baumaterial ist Leimholz in 18 mm und 28 mm Stärke. Zum Zuschneiden der Platten werden die Schnittlinien mit einem Winkel angezeichnet.

Ein Bett für zwei im Zimmer für zwei, eins für Überschläfer und eins für Unterschläfer. Jeder kann sich allein und ungestört in seine Etage zurückziehen. Wenn wir dann einmal größer sind und jeder sein eigenes Zimmer bekommt, schraubt man einfach die Eckpfosten ab und – schwupp – hat jeder sein eigenes Bett.

„So ist es, meine lieben Kinder, und ein eigenes Regal bekommt jeder von euch noch dazu. Denn ich habe das Bett so konstruiert, daß ich aus den Pfosten ganz schnell zwei Regale bauen kann."

„Ach ist das schön, aber mach jetzt mal das Licht aus, wir wollen schlafen."

„O.K., schlaft schön."

Alle scharfen Kanten der fertig zugeschnittenen Teile mit dem Hobel anfasen, um Verletzungen zu vermeiden.

Die Winkelpfosten werden L-förmig zusammengeleimt und verschraubt.

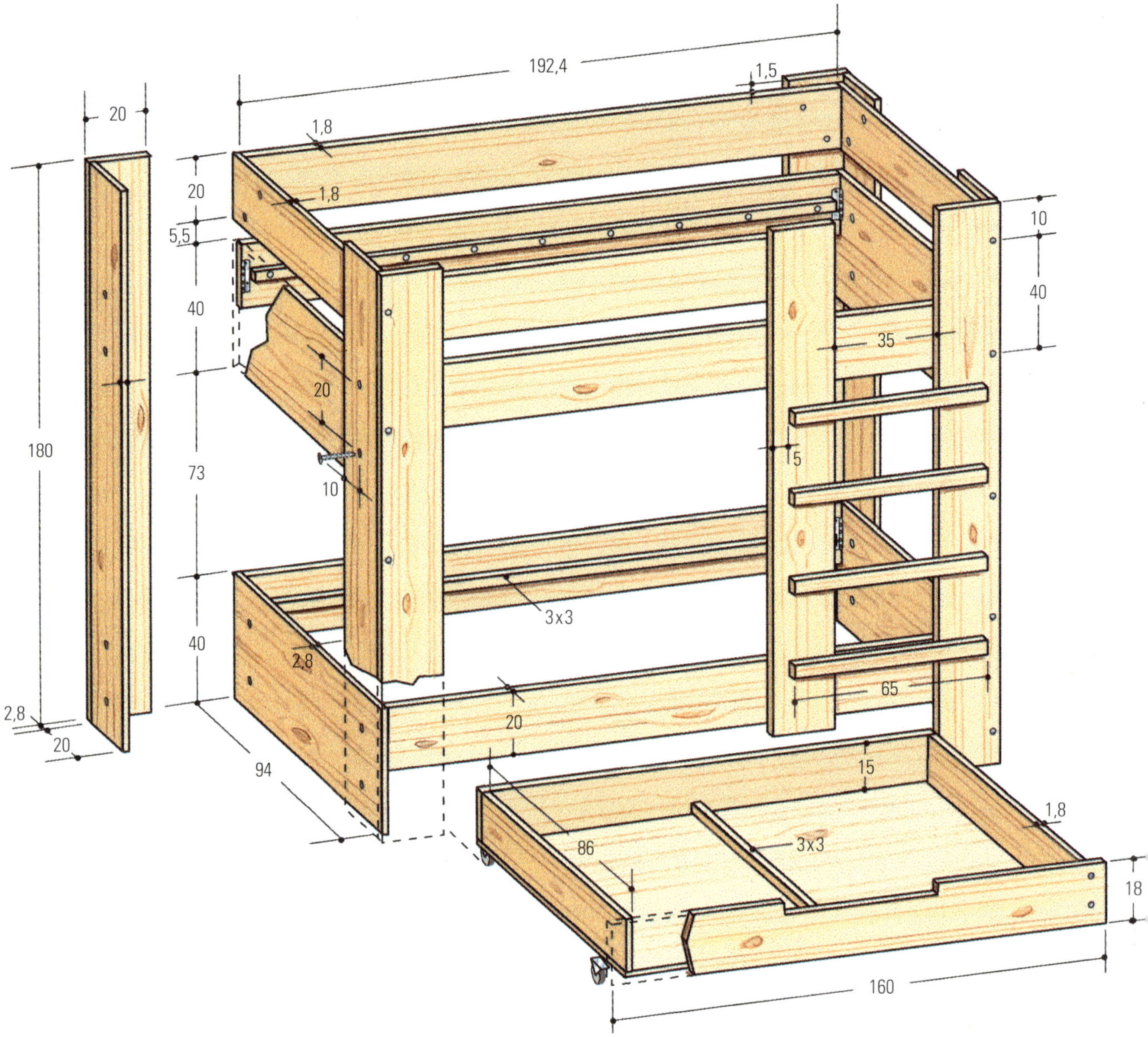

192,4
1,5
20
1,8
1,8
20
5,5
40
180
73
40
2,8
20
20
10
20
10
40
35
5
3x3
2,8
65
20
94
15
86
1,8
3x3
18
160

Die Bettbeschläge werden vor dem Aufbau an Bettseiten und Kopfstücke geschraubt.

Pfosten und Kopfstücke mit Schraubzwingen fixieren, durchschrauben, Schloßschrauben setzen und mit Hutmuttern festdrehen. Die Schloßschrauben gegebenenfalls kürzen.

So wird's gemacht

Das Baumaterial Leimholz gibt es gewissermaßen „von der Stange“: Es handelt sich um Leimholzstreifen von 20 cm und 40 cm Breite und um Holzleisten, die nur noch auf Länge zugesägt werden müssen.
Eine Ausnahme ist der Bettkasten. Er hat „krumme“ Maße.
Bauen Sie zuerst die Winkelpfosten, dann die Einzelbetten und schon kann das Bett montiert werden.

Zuschnitt Problematisch sind die 28 mm starken Leimholzplatten. Die elektrische Stichsäge ist für diese Holzstärke nicht geeignet. Sie sollten deshalb schon über eine leistungsfähige Tischkreissäge verfügen, wenn Sie diesen Zuschnitt selber machen wollen. Sonst lassen sie dies gleich beim Kauf miterledigen.

Vorbereitung Nach dem Zuschnitt werden zunächst alle später sicht-

Die Leitersprossen werden am aufgestellten Bettgestell angepaßt und festgeschraubt.

Jetzt nur noch den Lattenrost einlegen, und schon ist das Bett fertig!

baren Außenkanten mit Hobel und Schleifpapier gerundet (gefast). Alle Schrauben werden versenkt eingedreht und die Schloßschrauben mit Hutmuttern und Unterlegscheiben befestigt. Für die Schraubenstärke M 8 wird mit einem 8,5 mm-Bohrer vorgebohrt. Andere Schraubenlöcher müssen mit dem Durchmesser der jeweiligen Schaftdicke der Schraube vorgebohrt werden.

Zusammenbau Wenn Sie die Winkelpfosten zusammenleimen und -schrauben, legen Sie drei Pfostenstücke U-förmig zusammen. Nur zwei der Stücke werden verbunden, das dritte dient lediglich als Stütze. Bettseiten und Kopfstücke werden mit Bettbeschlägen zusammengehalten. Dazu schrauben Sie die Beschlagteile auf die Bettseiten und Kopfstücke. Dann legen Sie – entsprechend der Matratzendicke – die Position der Lattenrostauflageleisten auf den Seiten fest und leimen und schrauben diese fest.

Bauen des Bettkastens Sägen Sie in der Bettkastenseite vorn die Grifföffnung mit der Stichsäge aus, runden alle Kanten und leimen und schrauben dann den Bettkastenrahmen zusammen. Bevor Sie den Boden unterschrauben wird noch die Mittelleiste eingeschraubt, sie steift den Kasten aus. Der Kasten wird stabiler, wenn Sie auch durch den Boden in die Mittelleiste schrauben. Jetzt werden nur noch die Kastenrollen untergeschraubt.

Aufstellen des Bettes Setzen Sie die Kopfstücke positionsrichtig zwischen die Winkelpfosten und fixieren Sie das Ganze mit Schraubzwingen. Dann bohren Sie die Löcher für die Schloßschrauben, stecken die Schloßschrauben ein (Unterlegscheiben nicht vergessen) und drehen die Hutmuttern auf.
Für den Aufbau stellen Sie die fertigen Kopfstücke an die Wand und hängen zunächst die unteren Bettseiten ein, dann die Bettseiten oben.

Leiter und Fallschutz (Bei kleineren Kindern müssen Sie die Fallschutzhöhe ggf. größer planen.)
Die Fallschutzbretter werden der Reihe nach ringsum mit Schraubzwingen festgesetzt, vorgebohrt und von innen in die Winkelpfosten durchgeschraubt. Die Leiterseite wird mit Schraubzwingen festgesetzt und ebenfalls vorgebohrt und mit Schloßschrauben, U-Scheiben und Hutmuttern befestigt. Zum Schluß werden die Sprossen (mit Schraubzwingen) fixiert. Auch hier schrauben Sie wieder von der Innenseite, also durch die Leiterseite und den Winkelpfosten in die Leitersprossen, und zwar auf jeder Seite in zwei Positionen. Würden die Schrauben von vorn eingedreht, könnten sie sich infolge der Scherbelastung beim Aufsteigen lösen oder ausreißen. Die Sprossen können aber auch mit jeweils zwei Schloßschrauben (links und rechts) angebracht und von Innen mit Hutmuttern und Unterlegscheiben, im Holz versenkt, befestigt werden.

Dekoration Das fertige Bettgestell und den Bettkasten können Sie ganz nach Wunsch und Geschmack wachsen, lasieren oder lackieren. Dann brauchen nur noch die Lattenroste eingesetzt, die Matratzen eingelegt und die Betten bezogen werden, und schon geht's ab ins Bett. – „Gute Nacht!"

ETAGENBETT

Bezeichnung	Stück	Material	Format
Pfosten (Ecken)	8	Leimholz 28 mm	20 x 180 cm
Leiter (Seite)	1	Leimholz 28 mm	20 x 160 cm
Leitersprosse	4	3 x 4 cm	65 cm
Bettseite	4	Leimholz 18 mm	20 x 190,4 cm
Kopfstück	4	Leimholz 28 mm	94 x 40 cm
Fallschutz hinten	1	Leimholz 18 mm	20 x 192,4 cm
Fallschutz vorn	1	Leimholz 18 mm	20 x 142 cm
Fallschutz Seiten	2	Leimholz 18 mm	20 x 94 cm
Lattenrostauflage	4	3 x 3 cm	190 cm
Bettkasten Vorderstück	1	Leimholz 18 mm	18 x 160 cm
Bettkasten Hinterstück	1	Leimholz 18 mm	15 x 150 cm
Bettkasten Seite	2	Leimholz 18 mm	86 x 15 cm
Bettkastenboden	1	Sperrholz 10 mm	87,8 x 150 cm
Mittelleiste	1	3 x 3 cm	86 cm

Außerdem: 6 Kastenrollen ca. 28 mm hoch,16 Schloßschrauben M 8 x 55 und 16 U-Scheiben, 6 Schloßschrauben M 8 x 40 und 6 U-Scheiben, Leim, Schleifpapier, Holzwachs